大道至简

德国零售巨头 ALDI 管理法

[德] 迪特尔·布兰德斯　[德] 尼尔斯·布兰德斯　/ 著
(Dieter Brandes)　　(Nils Brandes)

庞小伟　杨小华　邓颖燕 / 译

中国出版集团
中译出版社

图书在版编目（CIP）数据

大道至简：德国零售巨头 ALDI 管理法 /（德）迪特尔·布兰德斯，（德）尼尔斯·布兰德斯著；庞小伟，杨小华，邓颖燕译. -- 北京：中译出版社，2022.1（2025.3 重印）
ISBN 978-7-5001-6758-7

Ⅰ.①大… Ⅱ.①迪… ②尼… ③庞… ④杨… ⑤邓… Ⅲ.①零售企业—企业管理—经验—德国 Ⅳ.① F735.151.7

中国版本图书馆 CIP 数据核字（2021）第 204503 号
（著作权合同登记：图字 01-2021-5276 号）

大道至简：德国零售巨头 ALDI 管理法
DADAO ZHIJIAN : DEGUO LINGSHOU JUTOU ALDI GUANLIFA

著　　者：［德］迪特尔·布兰德斯（Dieter Brandes）
　　　　　［德］尼尔斯·布兰德斯（Nils Brandes）
译　　者：庞小伟　杨小华　邓颖燕
策划编辑：于　宇　黄秋思
责任编辑：于　宇
文字编辑：黄秋思
营销编辑：杨　菲
出版发行：中译出版社
地　　址：北京市西城区新街口外大街 28 号 102 号楼 4 层
电　　话：（010）68002494（编辑部）
邮　　编：100088
电子邮箱：book@ctph.com.cn
网　　址：http://www.ctph.com.cn

印　　刷：三河市国英印务有限公司
经　　销：新华书店
规　　格：880 mm × 1230 mm　1/32
印　　张：11
字　　数：162 千字
版　　次：2022 年 1 月第 1 版
印　　次：2025 年 3 月第 7 次印刷

ISBN 978-7-5001-6758-7　　　　定价：58.00 元

版权所有　侵权必究
中译出版社

译者序

在联商网创办期间,我深入研究世界各地的零售巨头,其中德国ALDI对我影响最大。

我从2002年开始研究ALDI,努力收集它们的相关材料,还与本书作者迪特尔·布兰德斯建立了联系。

ALDI是一家德国的连锁超市零售商,主营业态是硬折扣店,创始人是两兄弟。ALDI的门店非常小,通常是几百平方米,单品数量非常有限,从早期的几百个到现在的大约1 800个。相比之下,沃尔玛推崇一站式购物,单品可能超过15万个。

2009年度福布斯全球富豪榜上,排名第一的比尔·盖茨个人财富达400亿美元,而ALDI两兄弟都位居前十,且两兄弟财富合计超过了比尔·盖茨。尽管凭借小小门店创造出了惊人财富,ALDI却非常低调。公司严格规定,无论最高层还是最底层,公司禁止任何人接受媒体采访。所以,如果你去网上搜索两兄弟的照片,结果一定屈指可数。《福布斯》杂志当年想要偷偷给他们拍照,派记者在德国待了两个月,最终一无所获。

ALDI模式独具一格,让我体会到了企业经营管理的真正本质,甚至对我的人生也产生了巨大影响。

一、物美价廉

整个商业的本质价值就是物美价廉。物美是指质地优良,价廉就是价格便宜。两者统一起来就是商品价值,而价值公式的分子是质量,分母是价格。如果质量越好、价格越低,性价比就越高,这几乎是所有人都认同的朴素常识。

零售商常常忘记分子,即质量的定义,而只关注价格。我们热衷于价格竞争,特别在自有品牌经营过程中,不经意间就会放弃这个至关重要的原则——质量原则。自有品牌只关心价格,价格便宜就是王道,为了价格忽视质量其实大错特错!

首先要有好的质量,在这个前提下,才能追求价格。ALDI就是这么做的,ALDI旗下500个单品的质量,与德国市场的品牌产品不相上下,甚至更优。德国市场商品质量检验非常严格,第三方独立的质量检测表明ALDI的商品比品牌产品甚至只会好不会差。在一流质量的基础上,

译者序

他们竭尽全力降低价格。数十年来 ALDI 一直坚持这样的经营原则,无人能敌。沃尔玛曾经进入德国,后来不得不退出,就是因为竞争不过 ALDI。

物美价廉之中低价是撒手锏。商品的市场零售价由四部分构成:进货成本、运营成本(包括薪资、店租等)、上缴税收以及股东分红。为了寻求真正的低价,ALDI 努力降低这四种成本,这似乎背离了传统的商业思维逻辑。MBA 课程告诉了我们太多的商业逻辑和方法,但 ALDI 几乎对这些都持相反意见。

首先,降低进货成本。

ALDI 所经营的商品 90% 以上都是自有品牌,很少经营其他品牌。ALDI 在全球范围寻找生产商,按照一流品质标准进行贴牌生产。ALDI 认为,进价 1 元的饮料,真正的生产成本可能只有 2 毛,多余的成本往往来自其他环节:电视台拿走 2 毛广告费,明星代言拿走 1 毛,公司高管坐飞机头等舱、住五星级酒店,还有形形色色的市场活动等产生的费用,最终都会加到饮料的进价上。ALDI 认为这很不合理,顾客不应该为广告费买单,不应该为代言人买单。顾客希望购买"裸体"产品,即产品本身,不附加品牌溢价等其他任何费用。所以 ALDI 商品的进价先天就低于其他零售商。

其次，降低运营成本。

MBA 课程告诉我们，对零售商来说最重要的是选址，位置是最重要的。ALDI 却反其道而行之，认为高租金是不合理的，因为这最后都会被加到商品的售价里。所以，ALDI 选择偏僻的地方，使租金降低。ALDI 的门面装修也非常朴素，同样也能够降低成本。

在信息技术方面，ALDI 早期甚至不采用 POS 机，认为这样会增加成本。所以 ALDI 收银员需要记住所有商品的价格。后来经过效率测算，才增加了 POS 系统。ALDI 认为货架也会增加成本，而喜欢直接用箱子堆放产品，纸箱包装容纳商品的一半，半截商品露在外面，不用花费人工去切割箱子、整理货架，这样成本更低。

在物流供应方面，ALDI 偏好上门自提，从生产厂商那里直接运货，并定期打磨运货车辆的轮胎，这样可以跑更远的路。他们甚至调整挡风玻璃的倾斜角度以减少风阻降低油耗。

ALDI 还拒绝市场推广，不投广告，从而减少成本。ALDI 创始人从不接受采访，他们认为与其对外夸夸其谈数小时，不如去门店理货，前者显然浪费时间、增加成本。

ALDI 实行无理由退货。ALDI 认为如果与客户纠缠，就需要客服和律师，进而产生成本，而这些成本都会被增

译者序

加到商品售价之中。ALDI 门店不提供电话咨询服务,安装电话、接听电话都会产生成本。消费者觉得商品有问题可以直接拿到门店来退货。

相比其他零售商,ALDI 门店人员配置数可能只有通常的一半。其员工效率非常高,薪水是同行的 1.5 倍,ALDI 愿意付出比同行更高的薪水。

最后,减少税负和分红。ALDI 通过缩小经营单元、平行持股等措施来降低税负。减少股东分红,这不仅涉及商业问题,还涉及创始人的价值观。"二战"之后兄弟俩接手了父母留下的一个小卖部,逐渐将其发展壮大。他们秉承德国人严谨执着的精神,ALDI 所有的关注点就是把物美价廉的原则发挥到极致。他们偏执地认为所做的一切都要为客户着想,不但将这一点付诸行动,而且从"二战"后到现在一直持之以恒。ALDI 凭借始终如一的商品高性价比,不仅受到德国消费者喜爱,后来还扩张到了欧洲其他国家,现在又扩张到了美国、澳大利亚等世界各地,非常有竞争力。

二、上帝的方式

创始人是以近乎"上帝的方式"在运营管理 ALDI。

大道至简

上帝是怎么管理这个世界，管理人类、鲜花、大象、蚯蚓等世间万物的呢？我认为上帝只做了两件事：一是提供了一个环境，有春夏秋冬，有风雨雷电，有高山流水，通过环境变化让适者生存。二是提供了竞争，生物之间有竞争，就会有食物链。羚羊和狮子要竞争奔跑速度，狮子和狮子要竞争配偶，通过竞争达到优胜劣汰。除了上述两件事之外就是无为而治，上帝从来不用管单一个体到底是去做老师还是从事风险投资，是生活在杭州还是伦敦，开什么车，穿什么衣服，理什么发型，都不去管。

ALDI的方法就是基于环境和竞争的无为而治。一般情况下，企业每年都要花很多时间做年度规划，而ALDI从来不做。ALDI会将某一项经营指标统计排列出来，大家比拼这个指标，这相当于没有时间刻度的竞争，不是说达到及格线就可以停止不前，因为优胜劣汰，及格线一直在上升。自然界也是这样，迭代进步是持续不断的。所以，ALDI这样的无为而治，反倒推动了持续的进步，因为做得不好的人随时都可能被淘汰。

一个好的管理者就是要授权、授权再授权，监督、监督再监督。授权到最后就是无为而治，但是一定要有监督，监督其实是创建一种氛围、一种竞争机制：表现好的留下来，表现差的淘汰掉。ALDI对竞争的推崇，甚至到

译者序

了股东层面——ALDI 在管理上一分为二，南北 ALDI 由兄弟俩各管一块，相互比较经营效率和业绩成果。

三、何为企业

降低零售价格的最后一个方面是降低股东分红。股东作为经营者，为了降低商品售价，宁愿把自己的分红砍掉一半，这只会让竞争对手感到绝望。绝大多数商人绞尽脑汁想着省钱，只是为了自己多赚钱，去过奢侈的生活。ALDI 是真正为了给顾客省钱，将毛利定得很低（一般不超过 15%），而且一旦发现进价下降，便立即下调售价。这种定价策略非常苛刻，相当于大幅减少了自己的分红。兄弟俩本来追求的就是清教徒式苦行禁欲的生活。

省到最后就是省自己。这不仅是商业问题，而且关乎价值观和人生哲学。本身不追求名利，但最后市场竞争力越来越强，这反而给他们带来了更多的财富。

资本主义从原始到现代，重要的推动力量之一就是清教的影响，这些清教徒会在经营企业时表现出苦行禁欲的操行。上天将财富托付于我，而我终让财富回归大众，绝不追求花天酒地、白白耗费钱财。

所以，ALDI 给予了我们最大的启发：那些在竞争中得以生存发展的成功企业，都有着非常朴素的价值观，这会产生内在的持续力量驱动他们不断奋斗，而不仅仅是拼命赚钱、拼命消费。

ALDI 不上市，且从不计划上市。尽管上市以后个人财富可以倍增，但 ALDI 认为随之而来的无休无止的会计费用、法律费用、公告费用等都会增加成本。

反过来说，最终商品售价能不能降低，与公司股东是否愿意为顾客牺牲自身利益息息相关。如果拥有这样的股东与创业者，企业的市场竞争力一定能够出类拔萃。

不少创业者都以获得风险投资为骄傲。事实上，创业者需要判断风险投资方是不是好股东。风险投资追求回报，过高的股东回报一定会提高商品的售价。不好的股东会使售价上涨，进而影响企业的竞争力。所以长远而言，引入贪婪的风险投资不仅无助于企业竞争力的建立，可能还会适得其反。

真正拥有强大竞争力的企业，从采购、运营到创业者都坚持服务用户、回馈大众的经理理念，必将成为一流企业。

ALDI 的文化是其核心竞争力，ALDI 所有的关注点都在于最优的质量、最低的价格。企业文化与朴素真理绝对不能背道而驰。顾客光顾门店，就是为了购买优质低价的商品，企业文化也应该为之服务。ALDI 没有标语式的企业文化,一切围绕"首先确保物美,其次尽量价廉"。只要自然光线充足,两位创始人进屋的第一件事就是关灯,其节省程度可见一斑。

四、关于此书翻译

由于 ALDI 拒绝传播的传统,这本书几乎是全球深入讨论 ALDI 模式和方法的唯一书籍,作者曾经担任 ALDI 管理委员会成员。翻译此书是我一直以来的心愿,希望通过此书能够将 ALDI 朴素的经营观介绍给读者。互联网的发展正在印证这种经营观的生命力。我从事风险投资,也渴望中国涌现出越来越多秉持这种经营观的创业者。虽然 ALDI 在两位创始人去世之后发生了很多变化,似乎正在逐渐偏离原有的成功之道。然而我不仅仅是在介绍一家零售企业,而是通过 ALDI 这家企业传达这种极致、简单、朴素的经营观,这种观念不仅适用于零售业,而且适用于很多其他行业。

非常感谢杨小华先生、邓颖燕女士加入翻译小组,他们付出了很多时间和心血;感谢王蓁先生在版权、出版方面的大力支持;感谢应豪先生百忙中的试读和指正;感谢同事虢三三给予的专业设计支持;感谢联商网同仁的通力合作。

大道至简

由于能力所限,翻译一定存在很多疏漏,请读者务必反馈给我们,以便再版时做出修正。如果你对 ALDI 经营观感兴趣,欢迎联系讨论,加入我们的读者群。联系方式 pxw@tisiwi.com。

庞小伟(阿迪)
天使湾创投 tisiwi.com 董事长
联商网 linkshop.com 董事长
2021 年 3 月

序言（2019年）

上次出版还是在 2011 年。至今已经过去 7 年多了，中间发生了许多事情。ALDI 已经成功地征服了英国、美国和澳大利亚等数个海外市场。截至 2018 年年底，ALDI 意大利首家门店将会开业①。与电商一样，硬折扣模式仍然对零售行业具有很大的颠覆性。

在强劲扩张的同时，ALDI 在偏离硬折扣模式这个成功根源的道路上越走越远。其品类大幅增加，权力越发集中，设立了新的营销部门，将越来越多标准品类加入促销行列。

随着创始人去世，越来越多的职业经理人接手后，ALDI 显然忘记了原来成功的根源。过去，ALDI 只注重本质而忽略一切"可有可无的东西"。如今，ALDI 反其道而

---

① 像过去一样，海外扩张主要是由 ALDI 南方推动的。包括澳大利亚、美国、瑞士以及如今的意大利等国，都是由 ALDI 南方负责运营。ALDI 北方在海外扩张方面显得力有未逮。

行之，他们关注一切"可有可无的东西"，而忽略了经营的本质。

尽管总体来说，ALDI的发展势头仍然十分强劲，但ALDI也面临业绩下滑的风险。

随着经济的发展，可以对品类进行相应调整，可以引进现代化的沟通手段，然而正确的管理方法、最佳实践、始终如一的原则以及成功的商业模式仍然大有裨益。尽管ALDI南方在海外拓展方面取得了一定的成绩，但南北ALDI都逐渐偏离了成功的根源。目前两家公司如出一辙，甚至紧密联合起来，而不像从前那样各自在不同的方向上进行实验（这才与硬折扣模式相一致）。创造性与独特性才是探索最佳折扣模式的前进方向。

迪特尔·布兰德斯、尼尔斯·布兰德斯
2019年1月

序言（2011年）

几年来，《大道至简》一书卖得精光，但没有加印。然而，作者收到了大量关于再版的请求。我们还了解到读者对英文版有相当大的需求。随着ALDI在全球大力扩张，其中包括像美国和澳大利亚这样的英语国家，读者对英文版的需求变得越来越强烈。因此，我们决定对本书进行更新，以便人们更加便捷地了解ALDI的管理原则。从根本上讲，ALDI系统不仅是零售折扣系统，还是放之四海而皆准的管理和组织系统。毕竟当初外界对折扣行业的误解很深，大家纷纷认为折扣行业意味着以牺牲质量为代价换来价格优惠。

我们理解的折扣是价格中不包含任何杂费。折扣意味着尽可能少一点，折扣去除了行业中常常包含的其他费用。

ALDI销售的品类非常有限，仅有1 000—1 800个SKU。ALDI通过少量的品类满足了消费者的日常需求。

欧洲的"瑞安航空"以及美国的"西南航空"也是典

型意义上的折扣公司。它们根本不提供任何额外服务,不提供登机牌和座位预订,依靠单一机型提供从 A 地到 B 地的直飞航班服务。

本书的 2011 年版是德语和英语的更新版本,新增了 ALDI 与沃尔玛、ALDI 与杰克·韦尔奇管理的通用电气进行比较的两部分内容。目前沃尔玛已经进入欧洲市场,并将率先在德国与英国直接与 ALDI 展开竞争。通用电气非常有趣,因为杰克·韦尔奇遵循的原则与 ALDI 非常相似。在本书的德文版中,我们讨论了比起德国竞争对手滕格曼/A&P 公司,ALDI 更像日本丰田。在深入了解通用电气之后,我们可以说,丰田、通用电气与 ALDI 共同形成了具有简单、专注、高效、坚持的"耀眼三星"。

2011 年版保留了 1998 年版本的全部内容。

在德文原版中,提及了土耳其硬折扣连锁超市 BIM。为了说明并且强调硬折扣的含义,我们希望给读者提供 BIM 截至今天的数据。2010 年,BIM 的营业额为 42 亿美元,拥有 3 000 家门店、27 家配送中心,共有员工 16 000 名。股东初始投资仅为 2 200 万美元。2005 年 BIM 上市。目前 BIM 市值超过 50 亿美元。而波兰瓢虫(Biedronka)折扣连锁超市,过去十年也获得巨大成功,目前销售额超过 60 亿美元,门店总数超过 1 600 家。波兰瓢虫与土耳其 BIM 可以被看作世界

序言（2011年）

上最好的ALDI复制品。

在对本书进行更新的过程中，我们也一次又一次地面对ALDI如今在理念与领导方面的变革。这些变革使我们产生了重点讨论推动其成功的ALDI系统的想法。经营理念、企业文化与公司负责人休戚相关。如今这些在ALDI都发生了改变。因此，本书主要讨论以上提及的ALDI系统。

迪特尔·布兰德斯、尼尔斯·布兰德斯
2011年5月

序言（1998年）

我离开ALDI后不久，德国主流媒体《明镜周刊》的一位编辑就打电话给我，问我是否愿意写关于ALDI公司的文章。出于ALDI员工长期以来高度谨慎的习惯，我婉拒了他的邀请。像这样任何时候都坚决反对公开露面，是典型的ALDI极简主义原则的例子，对极简主义原则我也一直持支持态度。同时我认为，这样的原则如今仍然适用于绝大多数公司。大多数所谓公司声明与高管访谈都只能起到宣传作用，主要满足的是CEO（首席执行官）以及经理们的虚荣心。他们大力展示公司的竞争优势，常常将公司的内部信息透露给大众。而这些信息只会让竞争对手从中受益，对客户没有任何好处。难道我们一切的工作不都应该为了客户吗？

如今，ALDI的经营模式已经运行了50多年，公司创始人卡尔·阿尔布莱希特也已经年逾八十（西奥·阿尔布莱希特已于 2010 年去世，享年 88 岁。）[①]，我认为现在披露"ALDI 奇迹"恰逢其时。从长远角度看，其他公司经过多年经验的积累，也开始注重经营的本质。令人惊讶的是，迄今为止，所有书店都找不到关于这个"奇迹"的书籍，尽管许多经济学家和记者都曾反复描述过。

　　保密原则和员工忠诚使得 ALDI 的整体形象无法得到广泛的宣传。但近年来，一些员工投身竞争对手的怀抱，并带走相关数据，尽管像其他公司一样，这是被明令禁止的。可以预见，通过这种方式，ALDI 越来越多的准确数据会逐渐流入相关的商业出版物，一些有关公司商业地位的小道消息也会得到澄清。自此，公众不再仅仅依赖猜测来了解 ALDI。然而，正如从 ALDI 成立以来一直关注其发展的行业专家汉斯·奥托·埃格劳[②]所说，"总体而言，ALDI 保护这些数据比特勤局保护总统还要严密"。阿斯特里德·帕普罗塔与雷吉娜·施奈德在他们的畅销书《ALDI 的本质》[③]中，写了一封向 ALDI 致敬的短信，极力推崇并称

[①] 译者备注：卡尔·阿尔布莱希特已于 2014 年去世，享年 94 岁。
[②] 参见汉斯·奥托·埃格劳于 1971 年在慕尼黑出版的《如何正确使用收银机》。
[③] 阿斯特里德·帕普罗塔与雷吉娜·施奈德通过深入研究 ALDI 这家折扣商后，于 1996 年在法兰克福出版了《ALDI 的本质——每月 30 天享用便宜大餐》一书。

序言（1998年）

ALDI为"奇异帝国"。大家都熟悉ALDI的大名，但几乎无人对它进行过深入探讨，也许是因为大家认为ALDI的成功是自然而然的事情，并没有任何独到之处。

本书的目的不是向读者提供关于ALDI定量研究的最新官方统计数据。尽管人们反复提及ALDI的营业额、损益平衡点以及净利润等相关问题，但我认为这些并非至关重要。为什么只对这些孤立的数据感兴趣呢？探询公司成功的内因不是更加重要吗？通过定量数据，只能对企业进行有限的比较；我们更应该将ALDI行之有效的经营理念输送给不同行业的其他公司。

有意识地将ALDI经营管理方法应用到自身实践中的企业家，目前都已取得重大收获。数年前，德国最大的家具连锁品牌罗勒很高兴地将自己称作"家具行业的ALDI"。该公司致力于使每家门店都成为价格领导者。该公司的创始人汉斯·约阿希姆·泰斯纳，将阿尔布莱希特兄弟创立的ALDI公司作为榜样，于1969年[①]产生了创建家具行业折扣连锁超市的想法。糖果制造商霍夫曼公司经营合伙人托马斯·霍夫曼，曾经在一次采访中如此评价他

[①] 参见1993年7月2日版《食品报》。

的公司:"我们是糖果、巧克力行业的ALDI。"① 这是他对ALDI成功的肯定,并表明了他在管理中尽可能严格地遵循ALDI的经营原则。

通过展现ALDI的特征和原则,我们就能清楚地发现零售行业容易犯哪些重大的错误。我认为,从ALDI离职的选择也对我深入了解、正确判断这些错误非常必要。

在德国以外的ALDI的工作经历,让我更加清楚地感受到ALDI的特殊品质。最重要的经历是在土耳其以ALDI折扣模式创建了名为BIM的连锁超市。将ALDI网点扩张到荷兰、比利时和丹麦,以及在美国参与收购并管理艾伯森与Trader Joe's的经历,也让我收获满满。我在德国ALDI工作时的职位也各不相同。当我审视如今ALDI的工作方式时,并考虑到这是在ALDI,我不得不指出,他们应该进行改善,从而更上一层楼。

作为曾经的ALDI北方区域总经理以及管理委员会成员获得的见解,是我在本书中进行讨论的基础②。

---

① 参见1995年1月24版《德国商报》。
② 1961年,卡尔·阿尔布莱希特与西奥·阿尔布莱希特兄弟将公司拆分为ALDI北方(西奥所属)和ALDI南方(卡尔所属)。从此,两家公司在法律、财务和运营方面完全分开。他们各自的总部彼此相邻,分别位于赫滕市(后来迁往埃森市克莱镇)和鲁尔河畔的米尔海姆市。这种拆分可以被看作是ALDI第一次无意识进行分权,并且向后来的成功迈出了至关重要的一步。

序言（1998年）

然而近年来，ALDI 企业文化的某些方面发生了变化，而且并非在向好的方向发展。通过本书，我为大家介绍 ALDI 的成功之道——在当下与将来都卓有成效的经营管理原则和方法。

作为一名优秀的行业专家，我的妻子莫妮卡·海克尔对深层次主题非常敏感，当我向她介绍本书概要时，她的第一反应是，这将成为一本关于道德的书。起初我对她的看法感到有些困惑，并再次回顾了所写的内容。如今我完全同意她的观点。道德的确在商业中发挥着重要作用。ALDI 的经营在许多方面都以道德作为基础，从而证明了企业可以在注重道德准则的前提下，照样能够赚得盆满钵满。

从这个角度上讲，这无疑是一本具有伦理思想的文化书籍，因为 ALDI 的企业文化是其成功的因素之一，其作用绝不应被低估。讨论 ALDI 也让古老的美德焕发了生机，有趣的是，这些美德可以产生利润。在 ALDI，人们可以看到，与许多技术细节一样，伦理道德占据重要地位并让 ALDI 获益匪浅。

我特别要感谢 ALDI 管理委员会前成员奥托·休布纳。他一直忠诚于原则，对此我非常赞赏。作为西奥·阿尔布莱希特的得力助手，1971 年他将我从位于德国基尔市的 COOP 超市作为"后备人才"招聘到 ALDI，并将我分配到威斯特法伦州赫滕市的ALDI北方辖区的门店。后来，他任命我为诺托夫区域总经理，诺托夫是石勒苏益格-荷尔斯泰因州所辖一个仅有6 000人口的小镇，后来成为阿尔布莱希特基金会的注册地。1975年，我被任命为位于埃森市的ALDI北方管理委员会的第三名成员，与西奥·阿尔布莱希特和奥托·胡伯纳并列。

我还要感谢土耳其ALDI折扣模式连锁超市BIM的老板阿齐兹·扎普苏，因为他渴望了解ALDI和简单经营原则，所以不知不觉地努力推进本书的问世。阿齐兹和他的兄弟库尼德被德国《经济周刊》称作"土耳其的阿尔布莱希特兄弟"。

本书旨在遵循典型的ALDI原则进行写作。我希望它通俗易懂，坚决避免它成为看似言之凿凿、其实一无是处的管理教条。我只想描述关键所在——经营过程中的基本要素。

我还要感谢威廉·哈德菲尔德·伯卡特对本书进行了英文翻译。

迪特尔·布兰德斯
1998年

目 录

第1部分 ALDI

ALDI 是如何发家的 003

少胜于多 008

像阿尔伯特·爱因斯坦一样，在黑暗中摸索前进 009

保密原则 012

发展历史与高速增长 014

明确的组织架构 016

公司架构 017

在德国的财务增长 019

消费者和商业杂志都给予好评 022

与竞争对手 026

增长会止步不前吗 029

与世界顶级零售商——沃尔玛 031

与通用电气 035
与众不同，所以成功 036
海外业务获得重大成功 038
硬折扣模式席卷全球 040
系统比团队更重要 045

第2部分　企业文化

"真正重要的东西，肉眼根本看不见" 053
不成文的原则 054
榜样推动文化建设 057
将极简主义视作基本原则 059
将节俭作为指导原则 062
公司文化与内部晋升 065
既没有八卦，也没有丑闻 067
闷声发大财 070
"致以诚挚的问候" 071
不操纵数据，不耍花招 074
公平对待供应商 075
顾客完全可以心安理得 077
保持简单绝非易事 078
挖掘顾客需求的捷径 081
提供最佳基本服务 083

目 录

诚信经营 084
不折不扣的质量和产品范围政策 086
处理退货 088
高度关注细节：每天进步一点点 091
西奥·阿尔布莱希特亲自设计门店内饰 094
从奥林匹斯山到门店 095
仅仅关注细节或者规则 097
尽管受到各种诱惑，始终坚持严守规则 100
"由怀疑驱动的管理" 104
注重行动，而非永无休止的分析 107
简单的艺术 109
多问几个"为什么" 114
在品类方面严格自我约束 116
成本核算是错误根源 119
害怕犯错 121
ALDI 企业文化有何特色 122
ALDI 企业文化小结 124

第 3 部分 组织与领导

良好的组织架构弥补了领导力的不足 127
领导和组织决定成功 128
只有最少的沟通 129

大道至简

拥有最佳组织的德国公司　132

ALDI 区域公司的组织架构　133

总经理会议：权威在逐步上升　136

良好的领导和组织的构成基础　137

制定明确的目标以避免冲突　138

从不发表使命宣言　142

比起德国特格曼，ALDI 与丰田更为相似　144

持续改善　146

不断试错　147

"三店测试"　148

努力工作、满怀激情　149

ALDI 的补货系统：卖掉了，才补货　151

分权与授权　151

自主性减少复杂性　153

ABB 与 ALDI：分权与成功的典范　154

授权与管控　159

授权意味着权力分享　161

哈茨堡模型　162

负责任的领导和负责任的行动　164

监督并控制结果　168

对总经理工作进行评审　172

用一线实际工作代替理论性管理工作　179

少点知识，不用数据，再加一点无知，才能产生创造力　181

直接产品盈利法（DPP）　184

关注重点　186

目 录

统计数据与内部竞争：ALDI 内部标杆管理　187

要大数据，还是要独立思考　192

年度预算是至关重要还是徒劳无功　195

关于具体案例的决定　199

管理委员会　200

创始人的权限　201

ALDI 组织的鲜明特点　204

ALDI 组织和领导的特点小结　206

第 4 部分　商业原则

ALDI 制定销售政策的原则　209

随时随地保持低价　211

价格大战　217

总是把质量放在首位：自有品牌　219

咖啡中的头牌　223

消费者关注产品质量　226

严格的质量控制　228

600 个 SKU 成就一家公司　231

牙膏哲学　234

适可而止　238

成功不是由采购部门而是由商业模式决定的　241

有效顾客响应　249

品类管理　255

广告就是为了通报客户 257

来自 ALDI 传单的广告信息 259

与供应商打交道：始终如一、保持公平 261

改进谈判，更加成功 266

只有成本优势才能形成价格优势 269

世界上最快的收银员 270

防止失窃 272

门店内饰与商品陈列 273

物流 274

维修工工作表 275

员工绩效与生产率 275

ALDI 门店的经营原则 277

ALDI 的经营原则小结 284

第 5 部分　推陈出新、寻求变革

首次亏损 290

拓宽品类意味着什么 291

狂欢热卖：非食品和食品促销 294

品类有限原则 298

混搭销售 299

70 份报纸和杂志 302

促销与品牌 303

广告费用大幅增加 304

目 录

公共关系和营销活动　305
企业文化的变革——对无关痛痒的话题评头论足　308
从卓越走向平庸　310

参考文献　315

第1部分
ALDI

ALDI 是如何发家的

以下是阿尔布莱希特兄弟之一的卡尔·阿尔布莱希特于 1953 年发表的关于 ALDI 系统唯一的公开声明①:

> 给商品定价时,我们唯一需要考虑的是,怎样以最便宜的价格进行销售。

> 当我与您谈论商品定价与流程简化等相关事项时,我会毫不犹豫地告诉您 ALDI 系统是如何运作的,因为我认为它非常简单。
>
> 现在回想起来,我可以说,在 1948—1949 年发展初期,我们只销售少量生活必需品。

---

① 参见 1975 年 9 月 4 日版《食品报》。

我们计划开设更多的门店，因此不得不严格控制现金流。我们相信以后能够扩大产品经营范围。我们希望能与其他零售商一样，在门店销售种类繁多的商品。

但是后来我们没有继续沿着这种思路发展，因为我们意识到，经营较少的品类，同样能够获得商业上的成功。并且与其他同行相比，我们的成本非常低，这主要归功于我们较少的产品品类。

这种战略洞察力成为我们经营的基本原则。如今，我们的运营成本仅为 11%。

1950 年以来，我们一直坚持天天低价以及有限品类的经营原则，这对我们来说举足轻重。如果不能为顾客提供品种繁多的产品，那么我们务必要为他们带来其他方面的好处。基于此，我们坚决执行有限品类的原则。

我相信，有限品类和天天低价，是密不可分的两条原则。如今，我们可以骄傲地宣称，这两条原则让我们的经营管理卓有成效。1949 年我们单店月平均营业额为 8 200 德国马克（相当于 4 100 欧元），1951 年为 12 800 德国马克（相当于 6 400 欧元），如今已达到 20 000—21 000 德国马克（相当于 10 000—10 500 欧元）。

营业额的上升几乎完全归功于以上提及的经营原则，因为我们极少做广告宣传。我们在广告方面的支出

第1部分　ALDI

甚至还不到营业额的0.1%。我们所有的促销工作都围绕低价这个主题进行，而且效果非凡，顾客甚至愿意排队购买我们的商品。每逢周末，门店开业前顾客几乎总是排成长龙。而平常工作时间生意也相当不错，每周初我们的营业数据都能让人眼前一亮。

为了更好地说明我们的营业额，我想特别指出，我们业绩最佳的门店，柜台长5.5米，上月营业额为44 000德国马克（相当于22 000欧元）。另一家门店柜台长4米，门店营业额为28 000德国马克（相当于14 000欧元）。

为了实现这样骄人的业绩，我们对货架和柜台都进行了简化设计。为了方便顾客拿取，我们将产品都陈列在柜台和货架上。所有门店都未经任何特别装饰。

我想补充的是，我们拥有250—280个（SKU）。我们高度关注的是，同一品类绝不提供类似的产品。我们选择销售的产品，在整个品类中都是独一无二的。进行这种排他性操作的原因如下：营业额。

这意味着，为了提高销售率，我们不提供散装蜜饯、水果、蔬菜以及咸鱼等；为了提高营业额，我们也不提供罐装水果、蔬菜以及蛋黄酱、腌鱼、鲱鱼沙拉等熟食。我们仅仅销售快销食品。我们还销售大豆、扁豆和大米等,但每种只有一款。

我们也不销售包装豆类产品,因为包装成本会使产品价格变贵,其整体价格不符合我们的低价策略。我们发现,如果提前包装产品,实际人工成本会高于预估。因此,我们不提前打包产品(1953年还没有自助服务)。所有产品都要在门店进行现场称重。

关于产品经营范围,作如下举例说明:

只销售一种糖果;

销售四种罐装蜜饯;

销售五种价格相同的面食;

销售五种肥皂。

我们只销售埃达尔(Erdal)牌鞋油、布兰达克斯(Blendax,现为宝洁旗下品牌)牙膏、西格拉(Sigella)牌罐装地板蜡,总是坚持推出那些卖得最快的品牌。即使是食用油、油脂和猪油等利润微薄的商品,我们也只卖一种。增加更多品类会提高经营成本,我们对此自然敬而远之。

对于店员来说,这种模式使在门店销售变得轻而易举,而且顾客可以更快做出采购决定。

我们通过定价政策为商品提供固定的成本计算公式。对于利润微薄的商品,我们加价比例如下:

第1部分 ALDI

植物牛油	5%—7%
油脂	10%
培根	10%—12%
猪油	10%
面粉	10%

如果采购价格下降,即使还不能以最新价格采购商品,我们也会立即降价销售。我们的立场是,主动进攻永远优于被动防御。

一般来说,即便采购价格下跌,维持原价销售也很容易。但是这样会让消费者心存芥蒂——因为我们务必达成的目标是,让顾客坚信在别的地方买不到比 ALDI 更便宜的商品。一旦实现了这一点(我认为我们已经实现了),顾客就会欣然接受其他条件。为了在最佳时间光顾 ALDI,他们甚至会重新调整日程安排。

反过来,这样能让我们实现员工的充分就业。这就是我们得以将人工成本维持在 3.1%—3.7% 低水平的重要原因。

今年,我们在这些方面采取了更加积极的行动,也比以往任何时候都更加成功。营业数据充分显示了这一点。

1月的营业额为 250 000 德国马克(相当于 125 000 欧元),2月为 300 000 德国马克(相当于 150 000 欧元),

3月为340 000德国马克（相当于170 000欧元），4月为394 000德国马克（相当于197 000欧元）。

最后，我想提一下，我们的经营完全遵循低价销售的原则。我们没有采取任何其他促销方法，甚至也从未有人提及。对产品进行价格核算时，我们唯一考虑的就是怎样卖得更便宜，而不是将售价定得更高。

（自从卡尔·阿尔布莱希特于1953年发表这些声明以来，得益于多年来在所有细节上的努力工作，时至今日，除了当时尚未出现的自助服务概念，以及费用比例与时俱进被迫提升之外，ALDI的一切几乎都未改变。毫不夸张地说，同自然科学的重大发现一样，ALDI创造了一种全新的商业模式，这的确令人意外。）

少胜于多

资源的稀缺以及必要的节俭要求我们必须避免浪费。我们的原则是：少胜于多。这条原则适用于资本、员工以及门店规模。最后，这套对资源进行合理利用的"应急方案"成就了"ALDI系统"。资源的紧缺激发了创造力，甚至可以说，也催生了零售行业的跨世纪经营理念。

第1部分 ALDI

1980年5月11日,时任AVA/Marktkauf集团(如今隶属Edeka集团)主席的H.库尔曼,给德国食品行业商业周刊《食品报》编辑部写了一封信。关于ALDI,他评论道:"ALDI是历史上最成功的食品零售商。"德国欧梯克(Oetker)公司前董事迪特·巴德尔是德国食品行业广受尊敬的专家、行业大会的常客,曾经在科隆/波恩营销俱乐部发表自己的看法:"ALDI在西方世界是零售政策驱动品牌成功的典范。"

像阿尔伯特·爱因斯坦一样,在黑暗中摸索前进

ALDI概念自成一体,并非源自任何其他企业经营理念或者战略营销研究成果,但它更加适应市场规律和竞争环境。ALDI大力吸取经验教训,并将其广泛应用到经营实践中。其原始概念几十年来未曾改变。唯一的变化是为适应内外部环境的日新月异而逐步做出的调整。行业杂志偶尔讨论ALDI所谓的新旧战略,其实根本是无稽之谈。直到最近,ALDI发生了一些根本性的改变,人们才产生了疑问:ALDI是否已经将固有的商业模式抛之脑后?

大道至简

原来的 ALDI 系统是动态过程导致的结果,由直觉驱动,其决策后果不可预见。ALDI 从"兄弟小店"起家,在"竞争激烈的环境下坚守简单经营理念",与沃尔玛、特易购一起成为全球最成功的零售商。正如商业经济史上经常发生的一样,这个刚开始并不具有独创性,学术上也不合理的项目,最终却成为上佳商业理念,多年以后更是发展为一个无法撼动的成功概念。ALDI 系统的诞生绝非突发奇想。拥有首家"位置平庸的小型门店"的卡尔和西奥兄弟,向着他们的销售系统逐步摸索、不断前进。① 正如阿尔伯特·爱因斯坦描述自己前进的方式那样,"在黑暗中摸索前进"。

然而,近年来有迹象表明 ALDI 正在发生重大变化。数十年来,ALDI 一直坚持极其有限的经营范围。但近年来,ALDI 扩大了产品品类,甚至新增了大量的自有品牌。如今,它的门店 SKU 大约有 1 800 种。其中很多是采用盒子混装的外形类似而 SKU 不同的商品(口味不同,但条码和价格一致)。这样加起来 SKU 接近 3 500 个。此外,如今在德国,ALDI 每周举办三次(周一、周四、周六)非食品类产品促销,SKU 多达 100 种。加上之前非食品类

---

① 参见汉斯·奥托·埃格劳发表于 1970 年 7 月 3 日版《时代周刊》的文章。

第1部分 ALDI

产品促销的存货,在 ALDI 门店顾客可以轻松找到 300 种此类促销商品。此外,ALDI 会对部分商品进行降价促销,尤其是最近推出的自有品牌。原因很简单:拥有大量热门大众品牌的 ALDI,现在已经变得极具品牌信誉。

此外,还可以发现其他方面的改变。尽管拥有根深蒂固的经营理念、领导原则,但每家公司都会随着决策者、执行者的变化而变化。ALDI 如今的管理团队与 20 世纪 60—80 年代的管理人员大相径庭。在那些年代,成熟的经营理念得到实施和完善。严格坚持原则带来了巨大的成功。极简、自律、谦逊、关注细节以及难以置信的严谨,是 ALDI 经营理念的精髓。

但是,对于 ALDI 以及许多其他行业公司来说,多年来坚持不懈地实行本书中介绍的基本见解和方法,仍然是成功的关键所在。如今,在许多公司甚至整个行业都需要重塑自身从而面对全球竞争的时期,这些见解和方法仍然跟得上时代的需求,并且变得越发重要。ALDI 的相关见解和方法可以帮助其他公司在行业竞争中名列前茅。

如果竞争者更加关注卡尔·阿尔布莱希特的话,零售行业的竞争格局可能早就大不一样了。然而,尽管现在距离 1953 年已经过去了多年,相信这个成功概念的人仍然寥寥无几，因此《食品报》甚至总结道[①]：

> 几乎没有一个企业的经营理念被如此透彻地分析过，如此容易学习到。尽管差不多整个行业都在关注这家公司的强势崛起，以及这一细分市场的快速增长，然而无人采取行动，也没有任何创造性的回应。

但这里所涉及的远不止"经营理念"。那些试图复制ALDI的模仿者很明显遇到了诗人玛丽·埃布纳-埃申巴赫（1830—1916年）所描述的问题："大多数模仿者无法模仿出真正吸引人的东西"。

想要复制的人总希望在ALDI原有的基础上做出改进。但最终他们不得不承认：只有ALDI才知道如何实现令人难以置信的简单。这就是难以模仿的真正原因。

保密原则

多年来，外界对ALDI知之甚少。得益于高明的公司

[①] 参见1983年2月4日版《食品报》。

第1部分 ALDI

结构,ALDI 不需要将财务数据公之于众。因为只有满足年营业额(1.25亿欧元以上)、员工总数(5 000人以上)、资产总额(6 250万欧元以上)3个条件中的2个,公司才有义务披露经营信息。但是根据欧盟最新规定,ALDI 区域公司(在德国,ALDI 下辖66家独立的"有限合伙"公司)务必公布年终报表(含资产损益表和负债表)。然而,由于规则复杂且各不相同,外界很难真正理解这些数据。例如,外界对其采购价格和销售价格之间的价差很感兴趣,但规则允许将各种销售费用纳入采购成本。因此,实际价差变得十分模糊。

大量报纸文章讨论过 ALDI,竞争对手、市场分析师和品牌制造商试图通过相关图像和绝密文件来了解更多有关 ALDI 的信息。他们所有的努力大都白费心机。对于 ALDI 来说,通过供应商传达或者商业期刊上讨论得到的这些信息,有助于更加详尽地了解其所处的市场、顾客或者供应商、竞争对手的观点,而且不花一分一厘,何乐而不为呢?ALDI 从不花钱从事市场研究。在 ALDI,大家都想顾客之所想,急顾客之所急,并且化繁为简、积极行动。

有意识地选择不进行广告宣传,也是 ALDI 公司政策不可分割的一部分。这限制了竞争对手对信息的获取。如果公司发布组织架构的相关信息,或者高调报告营业额、超高全员生产率以及相应的超低成本,只会给竞争对手带来好处。竞争对手可以利用这些详细资料进行比较,从而提高自身绩效。这对 ALDI 有百害而无一利。至于 ALDI 的顾客,他们从不阅读相关商业文件,这些信息对他们而言毫无益处。顾客的需求非常简单明确,他们只追求优质低价。

尽管针对 ALDI "缺乏管制"的批评此起彼伏,但对其的影响微乎其微。即使报纸公开披露公司发展情况,也无法阻止大型上市公司产生内部问题甚至倒闭。我们不应忘记那些曾经叱咤风云之后销声匿迹的公司,以及在最近一次金融危机中倒闭的数家银行。德国最近的灾难之一,是德国著名百年老店、大型连锁百货卡尔施泰特(Karstadt)由于经营不善,最终不得不与德国最大的邮购企业万乐(Quelle)进行合并。

发展历史与高速增长

1913 年,卡尔·阿尔布莱希特和西奥·阿尔布莱希特的父母在德国埃森市开了一家面积仅有 35 平方米的小型杂货店。1946 年从"二战"战俘营返回后,阿尔布莱希特兄弟在埃森市郊肖纳贝克开始经营一家 100 平方米的门店,

第1部分 ALDI

重点面向当地主要居民（矿工）。截至1950年，规模逐步扩大到13家小型连锁店。当时只提供柜台式服务，后来才引入自助服务。卡尔·阿尔布莱希特说，真正的商业运作实际上是从1948年开始的。2年后，他们在有限产品范围的基础上增加了低价原则。1962年，第一个真正意义上的ALDI门店在德国多特蒙德开业，这是西奥·阿尔布莱希特在德国北部的首创，后来被他的兄弟卡尔所效仿。

1961年，兄弟俩将他们的经营王朝拆分成ALDI南方与ALDI北方两部分。他们偏爱"个人领导"而非"团队领导"：权力下放原则对ALDI产生了决定性的和积极的影响。兄弟俩分开经营的根本原因是，双方在许多事项上意见相左。双方依旧互相交流相关细节、经营业绩和成本数据，甚至共享大量供应商资源，对部分采购谈判采取联合行动，兄弟俩之间唯一只字不谈的是各自的实际年度利润。

表1-1 德国ALDI集团年营业额和门店数量

年度/地区	年营业额（百万欧元）	门店数量（个）
1955年德国	15	100
1974年德国	3 000	1 000
1985年德国	9 000	2 000
1995年德国	15 000	3 000
2000年德国	19 000	3 400
2010年德国	26 000	4 300

续表

年度/地区	年营业额（百万欧元）	门店数量（个）
2010年全球	55 000	9 300
2017年德国	30 000	4 140
2017年全球	82 000	10 600

资料来源：根据行业期刊分析和作者本人的评估，以上营业额包括增值税。

截至2000年，ALDI在德国境外共开设3 000家门店，销售额大约90亿欧元。截至2018年，ALDI在德国境外开设的门店数量已经扩大到大约6 000家。

明确的组织架构

ALDI的组织架构并非像一些商业杂志所说的那样毫不透明。相反，它非常透明，事实上也很简单。

管理委员会是公司决策的统一者和领导控制机构，该委员会由完全独立、契约自由、曾任ALDI区域总经理并且业绩突出的职业经理人组成。管理委员会成员不是母公司或控股公司的董事或员工。管理委员会是德国境内外所辖各个经营主体的监事会。ALDI组织架构的特点是：不设立管控其他公司的控股公司，从而避免引发与工会共同

第1部分 ALDI

管理、信息披露要求等相关问题。由于不是传统意义上的政府和社会关注对象，所以 ALDI 没有设立公司层面的管理机构；这一点总是被工会组织所诟病。但这一结构的决定性意义在于能够大力进行分权，这是 ALDI 公司领导的核心原则。

公司架构

ALDI 拥有透明的组织架构，只是由于拥有数量庞大各自独立的区域公司（ALDI 北方以前有 36 家，到 2018 年有 32 家；ALDI 南方有 30 家），因此在外界看来显得有些复杂。

除了这个基本架构，ALDI 旗下还有少数几家重要的公司：位于威斯特法利亚地区赫滕市以及不来梅附近魏厄镇的咖啡工厂，阿尔布莱希特不动产开发公司，A+G 物业租赁和管理公司，以及 Alva 保险经纪有限公司。为了更好地体现产品的高质量，ALDI 很早就有建立咖啡工厂和 ALDI 咖啡自有品牌的想法了。至今咖啡仍然是 ALDI 唯一自制的产品。作为硬折扣体系的发明者，ALDI 认为，自己不生产而完全依靠独立供应商提供产品，这是一个明智的决策。

与商业期刊报道的不同，ALDI采购有限公司不是一家控股公司或母公司，而是为整个ALDI公司提供相关服务的子公司，尤其是集中采购方面。

不动产开发公司负责收购并管理自己的物业，保险经纪公司销售保单允许收取正常的代理佣金。

选择家庭信托的管理结构是为了保护并促进家庭成员的利益。由于家庭信托的原则之一是任何时候不得解散公司，即使出现家庭分歧和遗产争夺的情况，也能够永久保证公司的存在。即使经过多年诉讼，家族信托依然能够预防整个公司被拆分。如果两个儿子是唯一继承人，则他们每人可以分得一半的遗产。但对于一家作为复杂实体的公司，不能像银行账户一样简单地把它分成两半。由于家庭成员（西奥和西利以及他们的儿子小西奥和伯特霍尔德）只拥有公司的一小部分股份，所以能够确保公司继续长期存在（见图1-1）。在剥离美国核心业务并将其转让给继承人之一之前，位于汉诺威的大型饼干制造商百乐顺（Bahlsen）公司一直存在着没完没了的遗产继承纠纷。而ALDI则可以完全避免此类问题。

家庭信托结构也为将公司出售给第三方设置了许多障碍。在1998年8月13日出版的德国商业杂志《经济周刊》

第1部分 ALDI

上,沃尔特·佩林胡森就这个问题发表了一份极具洞察力的报告。

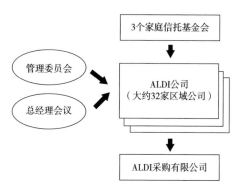

图1-1 ALDI北方的法律结构

ALDI不设立控股公司或母公司,经常被误解为其总部的ALDI采购有限公司实际上是其子公司。

在德国的财务增长

ALDI的经营利润一直是最大的秘密之一。媒体已经发布了许多评估数据。多年来,因为ALDI作为当今商业巨头,越来越多的细节已经被披露出来,相关评估数据越来越接近真相。在一项内部研究中,咨询公司Lever估计ALDI北方1994年的利润率为营业额的4.5%,是食品杂

货零售同行的 3 倍以上。公司的经营成本估计为 9%。

根据商业期刊发布的各种报告以及偶尔透露给媒体的数据，ALDI 的整体经营业绩指标如下，可以看出，数据的相对值比起单独数据来说精确度更高。

德国 ALDI 单月经营数据：

单店平均营业额	500 000 欧元
单个员工营业额绩效	75 000 欧元
成本占营业额的百分比（包括增值税）：	
门店人力成本	20.00%
行政、物流和管理成本	3.10%
门店租金	1.30%
其他费用	2.40%
公司总成本	11.00%
毛利润率（含增值税）	15.00%
净利润率（含增值税）	4.00%

如果考虑到南北 ALDI 多年来分别销售 450 个、600 个 SKU，直到今天其经营品类仍然十分有限，仅为 3 500 个 SKU，而其他超市和卖场 SKU 则高达 20 000—60 000 个，ALDI 的盈利能力可见一斑。德国最大的连锁企业

第1部分 ALDI

Rewe 的年销售额为 400 亿欧元，每个 SKU 平均年销售额为 60 万欧元。而 ALDI 在德国的年销售额为 260 亿欧元，每个 SKU 平均年销售额高达 1 400 万欧元。

这些数据并未经过精确计算，只是给读者提供一个大致的对比。由于旗下拥有众多连锁品牌，Edeka 是目前德国营收最高的食品杂货零售商。就单个商品销量而言，ALDI 是 Edeka 的 24 倍。这些比值是德裔瑞士富豪克劳斯·雅各布斯 1986 年在讨论关于德国咖啡市场竞争的话题时所宣布的："我们的对手是 ALDI。ALDI 咖啡仅在 2 000 家 ALDI 门店销售，而雅各布斯咖啡在德国几乎每家零售店、便利店以及加油站都有销售。自 1970 年以来，ALDI 年利润率为 4%，仅在德国每年税前利润就高达 5 亿—10 亿欧元。这些利润比其他行业都更加稳定。"戴姆勒－奔驰、大众、德意志银行以及德国商业银行等被纳入德国达克斯指数的大型公司利润上下波动、很不稳定，而 ALDI 面对相当激烈的竞争仍然获得如此高的收入和利润。非食品类产品销售变得越来越重要，目前占到其总销售额的 20% 左右。如今，ALDI 每周提供大约 100 种不同的临时促销产品，仅仅通过某一次的个人电脑促销活动就创造过超过 2 亿欧元的销售额。

在这种背景下，人力成本的增加不容忽视。如今，

ALDI 的商品其经营品类已经从 600 种（北方）或 450 种（南方）增加到大约 3 500 种，再加上对非食品类产品进行的大量促销，这些因素无疑会对成本产生显著影响。

消费者和商业杂志都给予好评

即使对业内人士而言，ALDI 赢得消费者广泛赞誉的传奇成功也是令人惊讶的。根据德国畅销女性杂志 Bribriitte 在 1996 年开展的调查分析，55% 的西方消费者和 44% 的东方消费者对 ALDI 感觉良好。相比之下，Rewe 零售集团只获得了 15% 的受访者的好评。对于一家硬折扣零售商而言，这是一个骄人的成绩。71%—82% 的受访者曾经去 ALDI 购物，只有 27% 的受访者曾经光临过 Rewe，而在 1997 年之前，Rewe 一直是德国营业额最高的零售商。

1995 年，作为德国消费者研究协会公布的关于 ALDI 研究的一部分，其自行调查结果也反映了 ALDI 与消费者之间的良好关系。摘录如下：

"ALDI 是德国零售行业最知名的品牌。"

第1部分　ALDI

当被要求说出零食商名字时，56%的受访者首先想到的是ALDI。而仅有29%的受访者想到Edeka，21%想到Plus，20%想到Spar，18%想到Lidl。

"消费者对ALDI最有信心。"

在回答他们对哪家零售商信心十足时，26%的受访者不由自主地提到ALDI，这一比例明显领先于Edeka的13%、Plus的10%、Spar的8%以及Lidl的6%。

"ALDI商品不仅价格低廉，而且物有所值。"

46%的受访者认为"低价"是去ALDI购物的理由，44%的受访者称赞其物有所值，这明显意味着其质量优越。

"ALDI没有明确的缺陷。"

只有10%的受访者认为ALDI名牌商品太少，8%的人认为品类太少，只有5%—7%的受访者对"收银台前排长队""门店设计""商品陈列""员工友好"等方面提出抱怨，而这些几乎对所有零售商都适用。

"不同层次和不同收入的消费者都在ALDI购物。"

48%的受访者如此回答。其他研究也反复证实顾客经常在购物者中发现邻居和朋友的身影。90%的受访者表示曾经光顾ALDI。

"10%—15%的受访者非ALDI不买。"

该项研究估计，在德国，人口众多的大家庭、有数个

> 孩子的家庭以及习惯于买便宜货的家庭去ALDI购物的比例占10%—15%。这群"非ALDI不买的消费者"的比例将持续增长。
>
> "ALDI对食品行业整体定价政策走向有着重要影响。"
>
> 市场将ALDI视作价格风向标。甚至同行也根据ALDI的定价相应调整了部分商品价格。1981年，部分品牌的价格几乎是ALDI商品的两倍（售价高出96%）。1994年，这些品牌售价仅比ALDI高74%。ALDI并没有提价，而是其他公司调低了价格。

ALDI强大的信誉不仅仅建立在为消费者带来省钱感受的基础上，西奥·阿尔布莱希特说："那些并不讨厌钱的人也可以安心来ALDI购物。"德国前总理赫尔穆特·施密特也去ALDI购物。在七国集团财长会议期间，时任德国财长的施密特邀请其他财长去他的周末度假别墅，电视报道显示施密特的私人酒吧里摆放了整排的ALDI自有品牌产品。施密特本人从诺托夫本地的ALDI超市购买了这些商品。

不仅顾客对ALDI赞誉有加，行业专家也对ALDI给予好评。1992年2月，《经理人》杂志对66家公司（其中7

第1部分 ALDI

家零售商）的危机易感性进行了一项评估研究，评估值从 0（风险最少）到 100（最大风险），结果如下：

1. 德意志银行	30.83
2. 麦德龙集团	30.83
3. ALDI	31.50
4. 雀巢	33.50
5. 奥托集团	36.00
6. 菲利普·莫里斯公司	36.67

有趣的是，在此次评估中，ALDI 在部分单项上获得高分：

经营风险	得分第一
市场风险	得分第二
财务风险	得分第三

ALDI 在这张图表中的财务风险排名肯定被低估了，因为它没有考虑到该集团多年来的收益一直显示为近 5 亿欧元，而且该公司将大量无抵押贷款的房地产资产计入其资产。甚至有人声称，ALDI 公司是德国最大的

财富拥有者，事实上 ALDI 是德国最大的房地产所有者之一。

多年来，ALDI 在《经理人》杂志举办的年度企业形象评估中也受到广泛赞誉。2000 年，ALDI 在德国企业中排名第 22 位，高于德雷斯德纳银行、安联保险、联合利华、埃索石油等工业和银行业巨头。

与竞争对手

ALDI 是如何在德国甚至整个欧洲取得市场领先地位的呢？ALDI 从未通过收购竞争对手的方式获得成长，在德国以外的国家，ALDI 通常会建立较小的公司作为进入新兴市场的工具。ALDI 南方在奥地利建立了 Hofer 公司，而在美国建立了 Benner Tea 公司。ALDI 北方在荷兰设立了 Combi 公司，在比利时设立了 Lansa 公司。

多年来，ALDI 的市场领先地位一再受到竞争对手的冲击。目前，德国食品杂货折扣行业领先的公司包括 Lidl、Penny、Netto 以及 Norma。

德国食品杂货折扣行业发展迅速，这一点从各个商家门店数量的增长就可以看出（见表 1-2）。

第1部分 ALDI

表1-2 德国食品杂货折扣行业门店数量增大 （单位：个）

折扣商	1974年	1999年	2017年
ALDI	1 000	3 300	4 135
Penny	60	2 300	2 174
Lidl	10	1 800	3 200
Plus	180	2 900	*
Netto	0	800	4 170
Norma	190	1 000	1 300
合计	1 440	12 100	14 979

注：* 表示 Plus 和 Netto 于 2009 年合并。

折扣店的市场份额占德国食品杂货零售行业的比例将近 50%。根据德国零售联合会的统计数据，2009 年德国食品杂货折扣店的营业总额为 620 亿欧元。根据研究数据，50% 的德国消费者是 ALDI 的常客，90% 的德国消费者不时光顾。这些数据都遥遥领先于竞争对手。ALDI 目前在相关市场的份额被大大低估为 15%，实际上应该超过 30%。

换句话说，将类似范围的产品计算在内，1/3 的德国境内的欧元是由消费者通过 ALDI 收银机消费的。

此外，ALDI 在个别产品和类别方面的市场表现特别突出。下面举例说明：

产品类别	
果汁	51%
罐装蔬菜	42%
罐装肉和香肠	50%
罐装水果和蔬菜	30%
糖果	17%
乳制品和鸡蛋	15%

在个人电脑市场，ALDI 在某些年份拥有近 10% 的市场份额。此外，ALDI 在纺织品零售方面的市场地位越来越高。多年来，ALDI 已经成为德国第一大葡萄酒零售商，其市场份额估计为 25%，在市场的领先优势明显。

在迅速扩张初期，ALDI 经常被迫与地方管理当局斗智斗勇，特别是在小城镇。许多时候，当新门店还处于规划阶段时，负责发放经营许可证的地方当局就会介入管理出现问题的当地零售商。通常，当地零售商也是镇议会的成员。人们担心，庞大的 ALDI 会破坏当地零售商的经营基础，通过压低价格，把当地的街头小店逼上绝路。

但随着时间的推移，这种态度发生了变化，因为 ALDI 的发展并没有带来这些担忧：ALDI 吸引大量顾客到当地购

第1部分 ALDI

物,而ALDI有限的产品范围给了其他零售商足够的回旋余地和生存空间。竞争对手只要明智地适应形势,甚至可以比以前活得更好。像所有其他零售商一样,他们必须扪心自问:"顾客为何光顾我的门店?"类似于肉店、绿色食品杂货店等专业零售商对ALDI的到来持欢迎态度。几乎没有人像以前预想的那样,出于竞争的目的抨击ALDI。

这样共同发展的大好形势随后即见诸媒体。当地报纸对ALDI的开业评论道:"对于这座城市而言,ALDI在商业综合体开店意味着合作共赢的目标已经实现。众所周知,ALDI作为一家拥有大约650个SKU有限品类的零售商,与那些拥有数千个SKU的全品类零售商相比,只会给当地食品零售商带来好处,而不是伤害。"德国《明星周刊》也曾援引Edeka集团汉堡总部发言人的原话:"ALDI一出,所向披靡。"

增长会止步不前吗

ALDI的增长统计数据令人印象深刻,在商业期刊上频频出现,人们纷纷猜测ALDI这样的强势增长趋势能否持续下去。许多人认为,如果ALDI不做改变,增长将很快结束。见多识广的商业期刊记者和竞争对手都赞同这一观点。由于增长对 ALDI 来说至关重要，ALDI 必须扩大包括肉类在内的产品品类，并采取各种改革措施，大部分人都这样认为。

但 ALDI 数十年来并未改变其策略。其 SKU 从未增加，只是随着时间的推移对部分商品做出调整。以前销售的咖啡豆、女性丝袜以及唱片，如今不再供应了。在相应位置增加了乳制品和冷冻食品等日常用品，过去很难对这些商品进行转运、储存，如今却非常容易。

过去二十年来，随着非食品类产品如运动器材、水果蔬菜和化妆品的经营范围逐步扩大，ALDI 产品品类增长明显。只有当产品销售达到一定营业额并且解决相关物流问题之后，产品经营范围才会发生变化。

近年来，ALDI 首次出现了销售停滞不前的迹象。折扣行业的竞争正在加剧，包括 Netto 在内的越来越多的零售商涌入折扣市场，而 Lidl 也一直在巩固其市场地位。这种处境似乎对 ALDI 营业额的增加带来了负面影响，使其最后不得不扩大商品品类。

例如，1977 年 G+I 市场研究协会关于 ALDI 发表了一个错误判断："1975 年大约 15% 的营收增长基本上是由 ALDI 扩大产品范围获得的。"它们还指出："1975 年，

第1部分 ALDI

ALDI必须首次接受营业额下降的现实——Norma、Penny、Plus基本上都在复制ALDI的经营原则,它们将分割部分市场。"

然而,除了个别门店会受到附近新店的影响(至少在其开业之初),那些认为ALDI无法保持其市场领先地位和销售增长的假设,在过去总被证明是错误的。商业期刊和零售专家希望其他零售商阅读自己的文章,因此投其所好报喜不报忧。毕竟令人欢喜雀跃的假消息,总是比需要深思的真消息更受大家欢迎。

与世界顶级零售商——沃尔玛

1998年,沃尔玛收购了德国Wertkauf集团旗下70多家门店,开始进入德国市场。在一场被命名为"沃尔玛"的专题会议上,德国零售行业经理们希望听到他们期待的消息以及沃尔玛是否会对ALDI构成潜在威胁。

ALDI高管通过演讲《沃尔玛与ALDI》告诉听众:"让我们认真对待沃尔玛!这并不是因为该公司是庞然大物,而是因为它很像ALDI。"而沃尔玛创始人山姆·沃尔顿也这样表示:

大道至简

> 我们所依赖的大多数价值观、规则和技术都保持不变。其中有一些非常简单，都是老生常谈的话题，似乎不值一提。

这也是卡尔·阿尔布莱希特和西奥·阿尔布莱希特兄弟评论他们的经营原则与技术的方式。山姆·沃尔顿设立的最重要的不成文规定也同样指导着ALDI。山姆与阿尔布莱希特兄弟一样痴迷于细节。山姆"真的很喜欢挑选一件商品，也许是最基本的商品，然后引起大家的注意"。山姆非常注重销售，其在《山姆·沃尔顿的故事：源于美国制造》一书中表述了如下观点，可以看出沃尔顿与ALDI何其相似：

> 在我整个零售行业职业生涯中，我坚持了一个指导原则。这是一个简单的原则，在本书中我将重复强调，直到你厌烦为止。但无论如何，我一次又一次地说：零售行业的成功秘诀是满足顾客需求。

这是成功的重要前提。超市类型不同，对应的顾客需求也不尽相同。你只需要知道他们真正所需。ALDI顾客

第1部分　ALDI

的需求与沃尔玛不同。但沃尔玛的顾客也希望所有商品都保持低价。沃尔玛本身也与顾客抱有相同的期望。

但 ALDI 没有理由惧怕沃尔玛，因为 ALDI 一直追求与其不同的商业模式。我们可以通过以下比较，突显这一点：

ALDI 的产品品类	1 800 种商品
沃尔玛的产品品类	120 000 种商品
ALDI 年营业额	900 亿美元
沃尔玛年营业额	4 800 亿美元
由此转化为：	
ALDI 单个 SKU 平均年销售额	5 000 万美元
沃尔玛单个 SKU 平均年销售额	400 万美元

ALDI 单个 SKU 年销售额是沃尔玛的 12 倍以上。这些比率源于完全不同的商业模式、战略和组织架构，也导致成本结构大相径庭。尽管如此，两家公司在不同的商业模式上都非常成功。它们的成功程度可以通过销售增长、盈利能力等指标进行衡量。50 多年来，它们一直都是全球最成功的零售商。两者在"二战"以后相近的时间创立，并一直使用非常类似的经营方法。

沃尔玛宣称:"我们与众不同。"这句话对 ALDI 也同样适用。山姆·沃尔顿说"我们从小处着手",并常常提及他的"简单经营理念"。这也是 ALDI 的指导原则之一。沃尔玛还会在实践中检验各种方法是否有效。而 ALDI 也会不断实验并试错。山姆·沃尔顿告诉他的经理们,世界上根本不存在所谓成功的秘诀,成功是由多种因素累积而成的,包括 ALDI 分享的经营理念。零售就是细节。需要数十年如一日全神贯注于成功的各种因素。这就是经营的艺术。而不是什么秘密。沃尔玛和 ALDI 一样,多年来一直确保自身的经营理念不受快速增长的影响。其中之一就是授权原则:

> 沃尔玛规模越大,就越有必要将自己看得很渺小。这才是我们能够成为大公司的原因——而不是像所谓大公司那样行事。我认为小是所有企业能够真正获利的方法。官僚主义作风无疑是帝国创始人自大的产物。

真正令人惊讶的是,沃尔玛居然在德国一败涂地,最终于 2006 年退出德国市场。它们没有像在美国那样取得成功。原因何在?德国市场已经被众多优秀的零售商家瓜分干净了,外来者很难找到新的开店地址。沃尔

第1部分 ALDI

玛唯一的出路是收购麦德龙或者其他大型零售商。也许它们没有发现这种选项，或者没有机会收购德国大型商超。相反，在德国的7年，沃尔玛走马灯似地更换了6名CEO。除了战略上的错误，也许因为山姆去世导致的管理不善也是其失败的原因之一。将来，当公司不再由创始人和精明能干的管理者掌管时，ALDI可能也会步其后尘。

ADLI与沃尔玛最终在美国面对面成为竞争对手。2011年，ALDI进入纽约市场，在皇后区开设了纽约的第一家门店。2011年3月，《纽约时报》发表头条新闻："在沃尔玛失败之处，ALDI获得了成功。"

与通用电气

在产品线与组织架构方面，两家公司各不相同，就像来自太阳系的不同星球——ALDI销售罐装豆类和洗涤剂，通用电气销售动力装置和飞机发动机。

然而，两家公司遵循同样的商业原则。它们在各自的行业都独树一帜。

与众不同，所以成功

本书的读者将了解到 ALDI 的特征、企业文化的独到之处、经营哲学、工作原则以及组织方法。然后读者也会明白，从长远来看，差异化是 ALDI 取得成功的关键。

全世界都知道，作为世界上最成功的职业经理人之一，杰克·韦尔奇采用了与众不同的管理方法，因而将通用电气变成了全球最有价值的公司之一。他的成功之道与 ALDI 相差无几，在这一方面，两家公司就像一对双胞胎。

杰克·韦尔奇提出了以下观点，并且依靠严格的纪律将这些理念在公司付诸实践。与沃尔玛一样，通用电气和 ALDI 之间几乎没有任何区别。这充分证明，成功是由基于正确常识、商业意识的根本原则而非知识治理、预算和大堆数据所决定的。杰克·韦尔奇有一段名言：

> 它们往往过于复杂。大家都想把所有能想到的数据罗列出来。我的观点是，尽量简化。沟通非常重要，而不能依靠纸上数据。我既没有办法对大量信息进行权衡，也不可能吸收全部信息。这些数据对大多数低级别

第1部分 ALDI

的人更没帮助。他们需要知道的是：我必须回答哪些战略问题？有哪些不同的解决办法？

人们总是高估了经营的复杂性。要知道我们不是在研究火箭科学。

未来几年，我们将专注于如何简化。彼此之间关于产品的沟通要变得更加简单，尽量采用口头陈述。我们将专注于零部件少、设计简单的产品。经营往往会将事情变得过于复杂，正如生活越来越复杂一样。

创建清晰、简单、务实的愿景……并将其传达给所有员工和顾客。

不要试图在数据上大费周章。数据不是愿景，数据只是产品。我从不讨论数据。

他们在编制预算方面浪费了大量的时间，这是在浪费大好资源。我们绝对不能浪费时间，预算只会让公司失去活力。弹性目标才能激励员工奋斗。

像经营家庭杂货店一样经营公司。你必须在自由与控制之间保持平衡。

对传统管理理念进行重新定义。认真倾听员工的意见和建议。赋予员工权利与责任，让他们自己找到解决问题的方法。

如果拥有一个简单、稳定的理念，并且不断坚持，

> 最终结果就会如你所愿。简单、稳定、坚持，这就是成功之道。简单、稳定，反复强调理念的重要性。改变人们观念的唯一方法就是"持之以恒"。

海外业务获得重大成功

1976年，在日内瓦举行的关于ALDI的AIDA（AIDA是四个英文单词的首字母：A为Attention，即引起注意；I为Interest，即诱发兴趣；D为Desire，即刺激欲望；最后一个字母A为Action，即促成购买）大会上，一位意大利参会者提出了ALDI模式能否在意大利运用的问题。2018年，ALDI终于进军意大利市场。该公司将意大利总部与首家仓库设立在维罗纳附近，截至当年年底一共开设了45家门店。对于意大利市场，为什么ALDI会姗姗来迟呢？由于ALDI没有上市，不需要留意股票涨跌、支撑股价走强，因此无论是金融机构分析师还是股东，没人可以强迫他们做任何决策。

一位美国参会者在日内瓦会议上发问，硬折扣模式以及ALDI的管理原则、经营原则能否在全世界畅行无阻？如果深谙放权之道，答案自然是肯定的，就像麦当劳风

第1部分 ALDI

靡全球一样。硬折扣意味着以超低的价格提供优质的商品。这难道不是大家梦寐以求的吗？谁会将其拒之门外呢？ALDI 模式一定是放之四海而皆准的[①]。

2017 年 ALDI 海外业务，ALDI 南方门店数量以及估计的总销售额。

表 1–3 2017 年 ALDI 海外业务

国家	进入时间（年）	门店数量（个）	销售额（十亿欧元）
荷兰	1974	494	2.9
比利时/卢森堡	1976	459	3.2
丹麦	1976	188	0.6
法国	1988	888	3.1
波兰	2008	124	0.3
葡萄牙	2006	57	0.2
西班牙	2002	272	1.2
合计	—	2 482	11.5

表 1–4 ALDI 南方门店数量以及估计的总销售额

国家	进入时间（年）	门店数量（个）	销售额（十亿欧元）
美国	1978	1 739	9.3
澳大利亚	2001	502	5.5

---

① 本书作者负责在数个新兴国家开发了硬折扣店，例如波兰的 Biedronka 超市（后来归属马尔丁斯公司）、土耳其的 BIM 超市以及哥伦比亚的 KOBA Tiendas D1 超市。

续表

国家	进入时间（年）	门店数量（个）	销售额（十亿欧元）
奥地利	1968	485	4.3
瑞士	2005	189	1.5
英国	1990	762	11.5
爱尔兰	1998	130	1.7
匈牙利	2008	127	0.5
斯洛文尼亚	2005	83	0.5
意大利	2018	45	—
希腊①	—	—	—
合计	—	4 062	34.8

注：以上数据表明了ALDI北方中部报告，ALDI南方会议报告《食品级》以及其他资料。

硬折扣模式席卷全球

2018年，欧洲折扣行业占食品杂货市场份额的20%—25%。而1991年其市场份额估值仅为10%，1996年达到16%。2010年，已经增长到近30%。

食品杂货零售行业进军海外的大量尝试最终都宣告失败。事实上，直到今天，只有一种食品杂货零售模式能够

---

① ALDI南方2010年退出希腊市场。

第1部分 ALDI

在欧洲甚至在美国、澳大利亚大行其道——这就是硬折扣模式。ALDI 的竞争对手特别是 Lidl 也在大力扩张。有证据表明零售商家最初尝试"软折扣"模式都不太成功。只有像 ALDI 一样的"硬折扣"模式才能真正主宰市场。

1976 年,ALDI 通过收购小型连锁超市 Lansa N.V. 登陆比利时市场,专家们就此展开分析并撰写评论。无论如何,1978 年商业杂志《趋势》对未来形势进行了非常准确的描述。此时 ALDI 已经在比利时成功经营了 3 年,并且在邻国荷兰开设了 80 家门店,以下几句引文足以说明比利时人对 ALDI 的看法:"人们认为 ALDI 是一个独特的现象。""阿尔布莱希特兄弟,两个白手起家的男人,来自德国,凭借独特的经营原则迅速发展,让原来雄踞市场的大型零售商只能唉声叹气。ALDI 不用再去理会,他们无论如何都掀不起风浪了。"该杂志明确指出:"质量和价格是 ALDI 唯一的标准。低成本允许低售价,然而能够带来高利润,这就是 ALDI 的经营原则。"关于竞争对手的反应,记者写道:

> 零售专家知道,这种经营模式理所当然会疯狂占领市场。消费者希望单独一家门店就能提供所需要的全部产品。一家超市大约有 5 000 种商品可供选择。选择的

> 余地越大，吸引的顾客就越多。消费者期望舒适而豪华的购物环境。大多数消费者并不会购买没有名气的品牌。但ALDI商品实在是太便宜了，但它不会坚持太久。是的，还有什么消息我们没有听到过？顾客希望得到更多服务。自助服务在比利时没有出路。大型超市在美国广受欢迎，而在这里却行不通。

比利时记者大概读了《卡尔·阿尔布莱希特在1953年》一书，然后东拼西凑，完成了"家庭作业"。事实上，在ALDI所有的海外经营中，比利时是业务发展最快、经营最好的区域。与其他国家情况一样，ALDI是比利时第一家成功的外国公司。

在丹麦，ALDI永远无法真正扬名立万。作为新来者，ALDI遭到了竞争对手充满敌意的顽强抵抗。丹麦殖民地零售商协会主席埃里克·桑斯特伦写道："我不明白ALDI究竟想要什么。丹麦零售商尽了最大努力，但仍然逃脱不了激烈竞争的命运。"在丹麦，贸易保护主义盛行，让ALDI的经营非常困难。丹麦禁止运输和销售未经冷藏的高温牛奶。最终欧盟委员会和欧洲法院对此进行了调查，丹麦政府后来不得不做出让步。

在法国，作为一场革命，如今硬折扣模式取得了成

第1部分 ALDI

功。从邻近的讲法语的比利时南部地区开始,ALDI在物流和管理方面进行了极大的简化。1996年,ALDI从Promodes手中接管了74家Dia门店。在法国这片美食家的天堂,ALDI已经获得压倒性的胜利。

1978年,西奥·阿尔布莱希特在美国收购了一家销售美味食品、欧洲葡萄酒和奶酪特产的小型连锁公司——Trader Joe's。该公司位于好莱坞的门店不仅吸引了世界闻名的大牌明星亲自前来购物,而且有些顾客不惜驱车百里前往光顾。Trader Joe's的创始人乔·库尔姆,是一名知识渊博、擅长创新的企业家。他多年来一直满怀激情,坚持以客户为导向,这奠定了他后来成功的基石。尤其是他在古典音乐电台KFAC上所做的著名广告,其标题是:"这里是乔·库尔姆,今天的话题是关于食品和葡萄酒"。收购谈判开始时,双方各执一词,希望找到刀刃上的平衡。乔·库尔姆非常担心公司与员工在与ALDI的融合过程中水火不容。最后,西奥·阿尔布莱希特成功收购了Trader Joe's,这在很大程度上依赖于ALDI高管与乔·库尔姆夫妇密切的私下关系。

从最初的投资开始,ALDI在全美各州陆续投入巨资谋求发展。2008年ALDI曼哈顿门店开业,顾客一大早就排成了200米的长队等候开门。

大道至简

最初，位于艾森市的 ALDI 北方计划在美国开设自己的折扣店。后来他们中止了这个计划。相反，西奥·阿尔布莱希特在美国食品零售行业发现了另一项投资计划。位于爱达荷州博伊西市的艾伯森引起了他的注意。得益于同艾伯森大股东乔·艾伯森和高管层关系良好，1982 年西奥·阿尔布莱希特基金会以新的大股东身份进入公司，并且"受到欢迎"。艾伯森的销售额当时在全美排名第二，后来与美国商店公司合并，ALDI 以 10% 的固定份额投资艾伯森，这是一个很好的投资决定。

就自身的硬折扣店运行而言，ALDI 南方从 1978 年开始进军美国市场，近年来不断加速扩张，目前门店总数已达 1 700 家。

尽管 ALDI（以及 Lidl）1990 年就已进入英国市场，但本土竞争对手多年来一直低估了它的实力。ALDI 与 Lidl 默默承受各种煎熬并被迫在经营相关方面做出调整，如今它们发展很快。

2001 年，ALDI 登陆澳大利亚。2005 年，ALDI 南方在瑞士开设门店。最近，ALDI 在意大利开设了首家门店。

德国 Rewe 超市前 CEO 汉斯·雷施尔 1998 年曾经预测，折扣模式发展已经过了顶峰，因为品类经营者成功地控制住了成本，已经能够跟上折扣商的步伐。事实证明他

第1部分 ALDI

的预测是错误的。

ALDI的理念、文化及其特殊的组织原则，构成了一个相对严格、整体的运行系统，确保了ALDI数十年来的巨大成功。

系统比团队更重要

这种有影响力的系统原则上可以被应用到其他公司，甚至应用到其他行业和机构，包括文化团体和政治机构。

ALDI以简单的原则、不折不扣的方法以及在细节方面的努力，赢得了巨大的竞争优势。它的竞争对手常常安于自己僵化的组织架构，傲视市场新人，保持甚至增加复杂性，ALDI刚好利用这个良机进行发展。如今，部分商家已经觉醒，正在逐步放弃他们旧有的体系。但是，产品经营范围与价格才是零售的核心问题，而这些也是顾客最为关心的，只有商家充分认识到这一点，市场才会真正觉醒。

尽管与原来的理念有所偏离，ALDI仍然在海外取得了巨大的成功。在澳大利亚、英国和美国，竞争对手多年来无疑低估了ALDI的实力，就像早年他们的德国同行一样。ALDI 南方在海外的发展相对更为成功，而 ALDI 北方正在几个国外市场苦苦挣扎。

在澳大利亚、英国、美国等国，尽管硬折扣模式更具弹性、更不一致，但仍然取得了成功。这一成功的基础是，与传统超市相比，ALDI 更具相对竞争力。数十年来，英国零售商一直尽情享受着高回报和高利润，并且从未经受任何颠覆性商业模式的激烈竞争。在英国"光辉孤立"政策的庇佑下，特易购、阿斯达、森宝利以及莫里森能够不断提高价格与利润，以满足它们日益增长的复杂性及其费用。以特易购为例，其商品品类不可思议地增长到了90 000 种。供应商的商品上架费为特易购的利润做出了很大的贡献。

当与这些官僚而复杂的庞然大物进行竞争时，尽管 ALDI 拥有破纪录的 3 000 个 SKU，品类也显得极其有限。当 ALDI（与 Lidl 一起）在英国达到一定规模时，即使采用弹性较大的折扣模式，也导致了英国食品行业自 20 世纪 60 年代以来首次出现通货紧缩。根据英国凯度咨询公司研究人员的报告，2015 年民众菜篮子支出水平比上年减少了 2.1%。

2015 年，莫里森不得不将 200 种日常必需品的价格降低 1/3。由于顾客更愿意去 ALDI 和 Lidl 购物，2014 年莫

第1部分 ALDI

里森的利润减少了一半。作为沃尔玛英国子公司的阿斯达宣布投资3亿英镑以降低商品售价。

2017年,当ALDI在南加州开了第8家门店时,南希在10月写了一篇关于ALDI在美国扩张的文章[①]。加州食品价格破天荒地下降了3%。在ALDI门店开业之前,当地一些零售商甚至主动降价。

作为ALDI集团运营总监,汤姆·辛德尔还担任加州的海外业务运营总监一职,他甚至比德国同事更好地践行了ALDI理念:"如果有人降价,我们会降得更低。"他还知道什么样的市场策略才能使ALDI更加强大、获取成功。"消费者口碑才是ALDI的生存之道。"有顾问公司的市场研究人员发现,传统超市的销售大幅下滑,而像ALDI这样的所谓有限品类零售商增长相当不错。ALDI运营总监还解释了ALDI的品类构建方法:"想要商品上架,必须经过一番激烈争夺。"原切牛排就是一个很好的例子——辛德尔认为在加州原切牛排销量很高,顾客需求旺盛,竞争对手竞相销售,因此我们也必须上架。具体售价如何呢?上周ALDI以每磅5.99美元出售特选原切牛排,而竞争对手在重杂货电商平台Instacart的售价为每磅10.99美

---

① 参见南希·卢纳于2017年10月23日发表的《ALDI进军橙县》。

元，在加州橙县一家门店的售价为每磅9.99美元。

2017年10月Stater Bros超市新开了一家44 000平方英尺的门店，雇佣了100多名员工，销售将近100 000种商品。相比之下，ALDI门店面积11 000平方英尺，只有5个通道，产品直接陈列在纸板箱内。ALDI门店不销售包括面包、肉类在内的全品类商品。收银时消费者得自己装袋，租赁购物车需要25美分的押金。门店通常雇佣来自各地的15—25名非联合会员工。辛德尔称："我们的每一份努力都是为了降低成本，最终我们可以将节省的成本转移给顾客。"他还表示，当消费者意识到其他商家库存大量积压并且价格居高不下时，ALDI就取得了胜利。

ALDI门店绝对不会同时销售10种番茄酱或者5种洗衣粉。相反，每种食品杂货，它们只提供1—2个SKU。某些时候，仿制商品会被大张旗鼓地摆放在对应的名牌商品旁边。例如，美国家乐氏公司的果酱吐司饼干（售价2.48美元）摆放在ALDI的Millville品牌吐司饼干（售价1.99美元）旁边。

随机价格抽查表明，ALDI在其他许多产品售价上也屡屡击败竞争对手。ALDI半加仑的Friendly Farms品牌杏仁奶售价仅为1.99美元。竞争对手的自有品牌杏仁奶售价高达4.09美元，而全球闻名的美国蓝钻石杏仁奶在

第1部分 ALDI

Stater Bros 超市的售价为 2.99 美元。ALDI 为满足消费者需求推出了希腊酸奶，其 100 卡路里盒装自有品牌售价为 69 美分。而法国优诺酸奶在 Ralphs、Stater Bros 超市的售价分别是 1.39 美元、1.00 美元。

ALDI 似乎也在仿制 Trader Joe's 超市（与阿尔布莱希特家族基金有关联，但不发生直接业务联系）的产品。Trader Joe's 一盒 6 盎司的皮塔带馅饼干售价为 2.69 美元，ALDI 自有品牌 Savoritz 的海盐味皮塔饼干售价为 1.99 美元。

比起在其他地方的攻城略地，令人惊讶的是，ALDI 在波兰和西班牙等国的表现平平。ALDI 在波兰的市场份额低于 1%，而 Lidl 为 7%，葡萄牙热劳尼姆斯·马尔丁斯公司旗下的波兰折扣品牌瓢虫超市凭借超过 20% 的市场份额遥遥领先。同样是在波兰，食品杂货折扣商市场份额合计比传统零售商高出 30%，其市场霸主地位难以撼动。尽管 ALDI 没有取得预期的成功，但折扣模式在波兰的成功也是显而易见的。

第 2 部分

企业文化

"真正重要的东西，肉眼根本看不见"

"真正重要的东西，肉眼根本看不见。"法国作家圣艾修伯里在其名著《小王子》中的这一评论，可谓总结出了ALDI的成功之道——企业文化。尽管其简单的门店装饰与商品、价格一样引人注目，但这些因素很容易被竞争对手复制。除了这些因素，我们认为还存在对理解ALDI如何取得成功至关重要的大量无形因素。本章我们将讨论ALDI成功最重要的因素之一：公司标准与价值观——企业文化。

在许多社会单位中，集体遵守的文化原则几乎就像法律一样，发挥作用甚至效果很好。文化原则指导成员如何思考、感知和行动。它们经常被以微妙的方式传递给组织中的新人及后辈。人们总是在探索各自的发展方向，从不成文的信息中就能够发现蛛丝马迹。这些原则赋予每家公司自己独特的身份。企业文化影响员工对工作、产品和公司的态度。原则往往寥寥数语，但引领公司及其员工取得成功的文化各不相同。标准和价值观决定公司的个性。

　　此类标准和价值观是正式而明确的，以公司的使命宣言和公开宣布价值观的形式出现。然而，它们实际上往往只存在于公司员工的头脑中，而不是以书面形式发挥作用。公司针对员工制订特定的工作方法，让所有员工都清楚公司所谓的"好"与"坏"、"允许"与"禁止"，公司"要做什么"以及"不做什么"。

　　就像德国最大的零售贸易连锁超市Marktkauf首席执行官兼客户总监赫尔穆特·科尔维斯，在德国贸易商大会上被问及公司文化时，给出了表明企业文化是无形的比喻："企业文化，我们有吗？"

不成文的原则

　　模范和榜样是企业文化的源泉，公司特殊角色尤其是创始人及其所有者，影响更是巨大。西奥和卡尔·阿尔布莱希特兄弟就扮演这样的"角色"，代表他们所认可的企业文化。ALDI完全是由创始人塑造的，这就是试图复制

第2部分 企业文化

该公司的努力永远不会成功的原因之一。

ALDI从未制订并以书面形式下发其文化价值观和原则。唯一的例外是职位描述中的一系列目标:"为了在竞争中保持领先,必须最大限度地运用经济原则。"由于ALDI只有不成文的原则,因此在早年,并不会与商业文献中经常提及的"机密规则"产生矛盾,而实际上,这些规则应该可以保证公司长久生存。尽管没有一套书面原则,但公司员工都心知肚明。每个人都知道该做什么,不该做什么。当然,我们需要将个体之间摩擦造成的能量损失忽略不计。ALDI像零售行业的其他公司一样,公司内部的员工努力工作,每个人都有自身的优点和缺陷。为了加强公司特定的企业文化,企业主和高管树立的模范和榜样就显得非常重要。文化原则,无论是否公开都需要经过反复讨论。

公司管理者应该将注意力和行动的重点都放在这里。提高这种意识切实可行的方法就是反复追问自己:这些议题是否一再被列入会议议程中了?在这些问题上花了多少时间?另一个重点是管理层想要在员工身上发现什么,以及他们认为对分支机构和部门进行讯问时需要审查的事项。这种控制对任何主管来说都是非常重要而且实用的领导方法。但文化的一个重要而典型的特征是,不能机械地作为讨论主题放到会议议程中，在没有激励的前提下，也不是一个能够付诸实践的明确控制程序。重要的是，这不仅是对需求的必要回应，而且是出于某种程度上对成功的渴望，要求某些主题反复成为人们关注的焦点。

议程和控制方案在很大程度上反映了ALDI的"文化需求"。这也是因为成本意识作为其中一部分，始终是一个实用而热门的话题。也许这正是文化的典型特征——每天发生，至关重要，永不停息。

> 最终，没有什么能比独特、单一的企业文化更能产生有效的控制效果了。如果大方向正确，就可以将细节问题委托给分散的内部组织进行处理，完全可以抛弃复杂耗时的协调控制系统。

管理大师克劳斯·多普勒和克里斯托夫·劳特伯格在《变革管理》一书中这样描述。"规划并管控公司的各种变革"，这就是ALDI的工作方式。基于这种文化，ALDI拥有分散式领导的组织架构。

现代管理学之父彼得·德鲁克提出："对于一个优秀的组织而言，决定性的因素是每个人要保持步调一致。"ALDI所有区域公司与海外分支机构就像管弦乐团的各组成部分，演奏着相同的曲调。

这同样也体现在职位描述上，ALDI 要求其简短、准确，与经常进行随机检查的综合控制系统一起，员工都能够忠实遵循。即使员工认为控制系统过于宽泛，但其效果还是优于其他公司。对这一有关企业管理的重要主题，将在"授权与控制原则"的章节进行详细讨论。

榜样推动文化建设

文化控制是控制系统非常重要的组成部分。这主要涉及需要了解主管的行为是否对系统有利，以及他们是否会带头向员工传达企业的

> 解释需要耗费大量时间，以身作则快速而有效。
> ——塞内卡

价值观和原则。主管自身应该采用并实施系统内最严格的标准，这样才令人信服。他们应该言行一致，所有行为都应该树立榜样。西奥·阿尔布莱希特就是这样的人，每次进入房间，如果认为光线充足，为了省电他会随手关灯。例子虽小却极具启发性。可以这么说，在类似的情况下，如果他和其他员工做出相反的举动，将会产生截然不同的

影响。

所有员工尤其是主管都务必遵守重要的文化原则。一个完善的文化原则，最明显的特征就是其"容易识别"。

> 榜样确保成功。
> ——贝托尔特·布莱希特

雀巢公司传奇 CEO 赫尔穆特·毛赫尔认为 ALDI 是公司企业文化和公众形象紧密结合的典范。我们会在不知不觉中知道像西门子、奥托集团或者 ALDI 这样的公司究竟代表着什么，大家对其员工、态度和行为都有所了解。

英国连锁超市 Kwik Save 总裁 Graham Seabrook 阐述了与文化密切相关的几个成功的关键因素：

> 我认为，文化可能是食品杂货折扣行业促进销售最重要的关键成功因素。从高利润率思维转向折扣销售模式需要一个适应过程。
>
> 有些人根本无法改变思维方式，因为他们是在另一种文化中长大的。特易购作为这样一个活生生的例子表明，如果管理层游移不定，折扣经营理念就不可能成功。

那么，ALDI 典型的价值观和原则是什么呢？根据迪特尔·布兰德斯获得的深入观察，特别是他与西奥·阿尔布莱希特共事的 10 年中的所见所闻,我们将尝试描述并讨论 ALDI 的企业文化。之所以称作尝试,是因为其企业文化的某些方面正在改变,所以无法以完整和绝对准确的方式对其进行描述,更何况一切感知难免存在主观臆断。在个别情况下,我们认为"与企业文化有关"的定义也将起到一定作用。还应指出,南北 ALDI 在某些并不重要的方面其实有所不同。

将极简主义视作基本原则

根据圣雄甘地的说法,"极简主义是艺术的最高层次""一个真正的极简主义者不仅通过艺术实践极简主义,而且生活也乐在其中"。叔本华甚至认为,"任何未来可以想象的问题都可以通过极简主义加以克服"。他认为极简主义可以"包治百病"。当然,这未免有些夸大其词。但是,我们将这一点排在 ALDI 文化元素美德清单之首:我们认为,无为而治意义上的极简主义是 ALDI 最重要的核心特征,西奥·阿尔布莱希特曾经说过:"人们在生活中对食物之外的东西更加依赖。"

ALDI 的无为而治表现在以下方面:

禁止事项清单

- 不设立劳动救助管理部门；
- 不设立提供指导的管理控制部门；
- 不设立公关部门；
- 不设立外部市场研究部门；
- 不外聘公司顾问；
- 不搞预算和预测；
- 不进行用于展示和解释的科学统计；
- 不做客户调查；
- 没有向供应商压价的复杂采购体系；
- 不按城市、区域以及门店类型制定差异化的价格政策；
- 所有门店产品没有任何差异；
- 不采用复杂计算方法定价；
- 不会为了提高利润而在质量方面偷奸耍滑；
- 没有复杂的物流工程；
- 门店布局与产品展示绝不随心所欲；
- 公司不配备豪华汽车和办公室；
- 从不公开露面；
- 不进行广告宣传、不接受媒体采访；

第2部分 企业文化

> - 拒收供应商礼物；
> - 不接受供应商宴请。

ALDI门店内饰简单，甚至采用斯巴达式的装修风格。多年来，门店都不安装电话，因为电话可有可无，不安装能够避免额外开支。直到引进了电话销售系统，电话才成为ALDI门店合理而必要的投资项。员工休息室配有简单桌椅，布置称不上舒适。这样的工作条件，通常伴有要求快速执行的压力，并非所有员工梦寐以求的职业。

设计总部办公场所以及规划管理层工作条件时，考虑舒适因素似乎合情合理。然而ALDI选择了简单实用的办公用具。公司的汽车也不豪华。总裁只驾驶奔驰S级小型轿车，车内没有额外装饰，车身采用标准颜色，不喷豪华金属漆。

很难想象，这是迄今为止德国食品杂货行业最赚钱的公司。相比之下，ALDI认为与竞争对手一样庞大的办公管理费用将消耗掉自己利润的一部分，甚至会造成亏损，那么其中的文化差异就显而易见了。我们认为，这也可以解释ALDI与其他公司年度报表中的重要差异。

ALDI一向非常谦虚，这种态度在公司最重要的部门——门店——表现得特别突出。门店是开展业务的地方,也是大多数员工的工作场所,必须维护其信誉。这一点与麦德龙非常相似。即使局外人也能够发现麦德龙与 ALDI 的共同点:简单实用的门店,设施朴素的办公室,甚至长期担任麦德龙高管的 Erwin Conradi 在杜塞尔多夫的办公室内部设施,比西奥·阿尔布莱希特还要简朴。Erwin 办公室四周是全透明玻璃,员工可以经常看到他的身影。

ALDI 在公司内外都明确提出了极简主义的销售理念:门店设计与装修俭朴,为满足消费者基本需求而开发有限的品类。长期以来,ALDI 只在圣诞节才销售香槟、腌熏三文鱼等高档商品,日常主要销售罐头食品、果酱、巴氏灭菌牛奶、洗衣粉和卫生纸等日常用品。随着时代变迁,消费者需求也在变化,ALDI 会适当调整商品品类。如今 ALDI 已经推出非处方(OTC)药品、新鲜肉类和鱼类、优质葡萄酒系列以及各种电子产品。

将节俭作为指导原则

ALDI 的谦虚、节俭以及极致的成本意识齐头并进、

第 2 部分　企业文化

密不可分。这既体现在非常具体的员工操作指令中，也体现为努力避免任何不必要的开支。西奥·阿尔布莱希特本人率先垂范，经常使用打印纸的反面，并且在日照充足的情况下即时关灯。通过不断改进灯具设计和门店光照，从而节省能源。当你对以下问题精打细算——比如在门店不安装电话等细节，其重要性就显而易见了：假设一家门店不必要的电话、过长时间通话甚至私人电话每月合计产生 50 欧元费用，每年数千家门店的话费将高达 200 万欧元。

几年前，当尼尔斯·布兰德斯被邀请参加杜塞尔多夫的一次晚宴时，遇到同时赴宴的一位来自 ALDI 南方的经理。晚宴上邂逅 ALDI 经理的经历是非常难得的。ALDI 经理不仅私下支付了个人账单部分，更加值得注意的是，直到晚餐结束他都不愿意交换名片。尼尔询问其拒绝的理由，他回答说，节省成本非常重要，所以他绝不轻易发放名片。

节俭原则不仅每天在 ALDI 门店践行，还影响到了公司的所有其他领域。员工尝试使用沟槽轮廓轮胎，磨损后可以重新切割，以增加使用寿命，尽可能减少更新频率。物流部门在卡车前部增加了导风板，以减少风阻并且节省燃油。ALDI 千方百计找出最佳方案，最大限度节省物流成本。在卡车使用方面，数十年前 ALDI 就解决了其他公司如今才发现的问题。

20 世纪 70 年代，ALDI 与设备生产商联合开发了能够一次性装卸 3 个托盘的电动托盘卡车。请注意，是 ALDI 自己的员工，而非行业专家、制造商或工程师发起并负责了此类改进活动。

后来，ALDI 开创性地在每个产品包装周围添加多个条形码，以便更快地通过 POS 机扫描。ALDI 创建自己的八位数条码系统，以便节省支付给全球条码标准化组织 GS1 的费用。ALDI 自有品牌仅仅在自己所属门店销售，因此无须遵循任何国际标准。

在与供应商的共同努力下，ALDI 提出各种想法并找到理想的外箱尺寸，从而成功地避免了频繁切割外箱。在 ALDI，即使例行公事方面的开支也会受到质疑：例如因为需要缴纳会费，而提出是否确有必要加入零售商协会。

这些只是员工、主管、部门积极参与并遵循清晰可辨的行为模式的例子。每一次全心努力、每一个解决方案都是公司指导原则的体现，反过来又深深地影响着企业文化——低成本经营流程、避免浪费以及高级别成本意识。

尽管 ALDI 对日语"Muda"（浪费）这个单词一无所知，但每个 ALDI 员工早已将节俭视作日常工作的一部分了。在 ALDI，正如"浪费"一词所暗示的那样，大家总是努力放弃无效的工作方法。

与大多数富人传统而普遍的生活习惯相比，ALDI 创始人的家庭生活也非常简朴，并且乐在其中。绑架案发生前，西奥·阿尔布莱希特常常独自驾驶普通座驾而非顶级轿车出行。办公室内部陈设非常简单，使用的都是平价家具。从其简朴的生活方式根本看不出来他是当地的首富。而其他公司的高管在公务汽车和办公室配置方面往往毫不吝啬。2004—2009 年出任德国卡尔施泰特百货公司 CEO 的，托马斯·米德尔霍夫有时甚至乘坐直升机上下班。

公司文化与内部晋升

谦虚不仅意味着工作中毫不奢华，同时还反映在人际关系与衣着外表等员工个人风格上。无论是通过招聘还是提拔来获取人才，ALDI 都努力寻找既优秀又谦逊、能够融入企业文化的管理者。

由于人们通常爱慕虚荣，只有与大型的重要竞争对手相比，个人更能够为自己的工作、绩效以及荣誉深感自豪，才足以支撑这种谦逊与极简的作风。总体来说，ALDI

深知自己所获得的成功完全处于另一种维度。

自律也是ALDI高管必须具备的典型特征，同样对ALDI的核心文化大有助力。这尤其适用于厉行节俭、对公众克制以及公平对待他人尤其是供应商的指导原则。

对许多人来说，践行极简主义绝非易事，大多数人都彻底失败了。长期以来这为内部人才选拔提供了有力的依据。一般来说，ALDI高管们都有在销售、物流等各部门的工作经历，然后逐渐得到提拔。例如，各区域总经理都曾经是运营总监、片区经理、行政经理或配送中心经理。

他们了解门店和"一线"的真实情况，被提拔时他们已经完全吸收了现有的企业文化元素。在这方面，正如前面提到的那样，拥有某种特殊的优秀品格远比哈佛大学学位重要得多，因此ALDI的许多高管既没有MBA学位，更没有特殊背景。

> 人类的行动和战略必须协调一致。
> ——罗尔夫·伯特

战略和性格是如此紧密地相互交织，以至于一个特定的人格只能遵循非常有限的战略概念。ALDI的战略独树一帜，并非每个人都能顺利适应。企业咨询顾问罗尔夫·伯特对大量公司进行了研究，发现战略概念只能由某些个体有效实施；经营失败、管理拙劣甚至企业破产，在很大程度上是因为企业章程规划的任务与员工个性存在巨大差异。ALDI 成功地使二者保持了同步。

既没有八卦，也没有丑闻

大众汽车公司前高管丹尼尔·戈乌德弗特，通过出版自传《鱼缸里的鸟》，后来成为畅销书作家，他猛烈抨击了高管们在公众面前突出个人形象、对公司避而不谈从而提高自我满足感的发展势头。企业高管与政治家一样，试图通过高调亮相来提升自己的社会地位，而忽视公司的成功，这已经是一个普遍现象。

然而，ALDI 高管们出现类似行为的风险却很小。阿尔布莱希特兄弟从不允许高管抛头露面。在这一方面，他们也率先垂范。《福布斯》杂志曾认为西奥·阿尔布莱希特过着比隐士还要与世隔绝的生活。

这是一条不成文规定，即 ALDI 管理者不公开露面。尽管时过境迁，有关 ALDI 事务的专题采访仍然被严格禁止，即使这些采访可能使公司受益或者具有促销性质。因为这并非 ALDI 的风格，老板自己也时时以身作则。总体上讲这样做是合理的，因为总是有人会对好奇的记者透露太多，而优秀记者的提问往往非常刁钻古怪。

让我们简单看看高管们做演讲、接受采访、写文章、参加专题讨论或者列席其他公司董事会需要花费多少时间。这些对他们自己的公司有何帮助吗？一般来说，答案为"否"。对于银行、企业顾问和律师来说，情况可能会有所不同，他们的顾客本来就是观众。但对零售商来说呢？这些活动很少会触及实际受众（顾客）。这种情况下开展类似活动往往只会产生浪费，这是许多股份公司最大的弊端之一。在这些公司，花别人的钱——那些来自匿名股东的资金，当然轻松自在。

对于ALDI这样缺乏人情味的极简主义文化，可能许多员工会有所抱怨。公司很少举办圣诞派对、公司聚会等大型活动。缺乏人情味的风格是ALDI文化不可分割的一部分。

反复出版的报刊，特别是来自商业期刊的作家，都致力于揭开以前不为人知的"ALDI公司"的神秘面纱。尽管ALDI门店已经家喻户晓，但仅此而已，很少有人了解其幕后老板的信息。未知使人缺乏安全感，隐秘让人心生怀疑。然而试图寻找其背后故事、私人八卦的努力最后都无功而返。多年来，ALDI没有任何丑闻，市面上也没有关于其幕后家庭的点点滴滴。仅仅一个稀松平常的事件——西奥·阿尔布莱希特的儿子贝特霍尔德生了四胞

第2部分 企业文化

胎,就成为德国最受欢迎的《图片报》的头版头条新闻。

如今,ALDI的高管正以前所未有的程度公开披露公司信息。ALDI甚至建立了庞大的管理部门处理顾客关系与公共关系。时过境迁,顾客期望公司更加开放,更加认真地承担社会责任。这到底意味着什么?ALDI现在公开了内部着装规范以及在意大利的扩张计划等重要事项。ALDI的新生代经理仿佛都忘记了ALDI成功的基石。他们正在改变企业文化。ALDI的做法与其他公司何其相似。偏离一贯的准则只会导致平庸。

创始人健在之际,公众知晓的关于ALDI唯一惊人的故事,是西奥·阿尔布莱希特被绑架案。这是德国首个职业犯罪团伙组织的绑架案。1971年12月,西奥·阿尔布莱希特在位于威斯特伐利亚地区赫滕镇的ALDI总部门前被绑架。结束一天的工作后,西奥·阿尔布莱希特一如既往地准备独自开车回家。绑架者甚至不得不要求他出示个人身份证件,以确认没绑错人。西奥被绑架并囚禁在杜塞尔多夫繁华街道的一个角落。最初,公司内部的官方信息是西奥感冒在家休息。对于其他人来说这可能是一个合理的解释,但对西奥·阿尔布莱希特却并不适用。仅仅因为感冒就待在家里对他来说非同寻常。他因病休息在之前闻所未闻。最后他支付了350万欧元赎金而获释,其中200

万欧元经过警方反复调查也不知去向。这在当时甚至多年以后，都是有史以来德国境内支付的最高赎金。

闷声发大财

ALDI 是在"弱视"的竞争对手的眼皮子底下发展起来的，就这样持续多年，以至于商业期刊对其公司管理层都感到陌生。就连著名的《食品报》多年来都无法区分南北 ALDI。如今，公众对 ALDI 的了解大大超过 20 世纪七八十年代那个 ALDI 的业务高增长期。回顾过去，模仿者和竞争对手经常被商业期刊所误导，正因为有那么多错误评估，ALDI 才能从中受益。

1976 年，在日内瓦举行的 AIDA 大会上，来自《食品报》的伯恩·利特克发表了一场关于"ALDI 理念"的演讲。他的部分描述比较准确，但许多细节都是错误的。其中不正确的描述有："如果兄弟俩其中一个开始降价处理某件商品，该商品就会从另外一家下架""优先考虑控制供应商数量""与供应商达成长期协议""低租金目标不再适用，大力追求理想场地""ALDI 面临某些品类增长放缓、市场份额丢失的困难"等。这些声明只会给竞争对手带来安慰，而对 ALDI 大有好处。ALDI 常常被竞争对手误解和低估。因此，它可以不声不响地发展壮大，并扩大在竞争中的领先优势。这样的事实与谦逊的本质融合在一起，通过要求员工沉默寡言、不能公开谈论使他们获得传奇式成功的政策反映出来。

"致以诚挚的问候"

1976 年，当时迪特尔·布兰德斯担任 ALDI 管理委员会成员，一期《营销与经济》杂志引用了他的一句话，其意味不言而喻："当然，随着超市网点密集度增加，开设新店的潜在增长力变得有限。"

"Mulheim"（卡尔·阿尔布莱希特所拥有的 ALDI 南方简称）发表了一份更加简洁的声明："德国商品检验基金会[①]发布的测试结果表明 ALDI 的洗衣粉再获佳绩。"在回答德国《经济周刊》关于测试结果的提问时，ALDI 给出的书面答复是："公司原则上不向公众公开任何数据或其他

---

① 德国商品检验基金会，是由德国联邦议会于 1964 年宣布成立的基金会，旨在通过对商品和服务的比较调查提供公正客观的信息，从而帮助消费者做出购买决策。

信息。致以诚挚的问候。"

只有在突发个案中,例如西奥·阿尔布莱希特被绑架期间,以及40年前关于所谓收银台改装进行漫长讨论时,公共关系才成为一个问题。因为当时没有传送带,收银过程中收银员不得不将货物从一辆购物车转移到另外一辆。这意味着收银员每天必须徒手搬运数吨货物。这引起了公众的强烈批评,工会发挥了重要推动作用。虽然讨论没有彻底解决实际问题,但经过深入调查,ALDI终于决定改善员工的工作条件。

经过长时间讨论,ALDI针对舆论压力展开了行动。ALDI引进了传送带,以减轻收银员的工作压力,并加快了收银台上货物的流动速度。

HBV(商业、银行、保险业,如今称作"Verdi")行业工会和多特蒙德劳工研究所之间的讨论充满火药味。如果一开始人们就接受这样的观念,即通过多年训练的体力劳动基本上对身体没有损害,那么这种工作的问题最多只会带来哀叹而已。问题是,哪种职业不受其自身问题的影响呢?诸如房屋粉刷匠这样的手工劳动者,都在从事有其自身问题的工作。

此外,同样被白热化地讨论的是,收银员的疾病是身心因素还是由于体力劳动导致身体问题造成的。我们

第2部分 企业文化

相信工会和雇主可以从这些讨论中了解到：开展合作比进行白热化的讨论更能够提供解决方案。ALDI 与公众特别是与商业期刊打交道的原则是——ALDI 的决策都是为了顾客。因此，接受媒体采访没有必要，因为采访内容主要是给好奇的竞争对手阅读的，ALDI 的发言只能帮助竞争对手。在此极简主义发挥了作用——坚守重要原则，实现公司目标。剩下的就需要员工在感兴趣的工作岗位上尽力而为了。这是奋斗的动力源泉，因此员工静心工作、心无旁骛，将效率发挥到了极致。独特的成功之道以及严格保持缄默是写就"ALDI 奇迹"的两个主要原因。

这种谨慎的另一个成功之处是，模仿者很难将 ALDI 的实践作为导向：模仿者做了许多不同的事情，并且希望做得更好。然而，结果总是更糟，很少成功。经过多次尝试失败，最终 Lidl 成功而精确地复制了 ALDI 几乎所有的重要特征。就连 Lidl 门店的地砖和收银处的顾客长龙，都与 ALDI 如出一辙。

仅就商品品类而言，Lidl 做出了部分改进：要求自上而下理解公司产品经营范围的政策。仅仅模仿门店的可见部分是远远不够的，还要彻底复制幕后的运作模式以及保持对质量毫不妥协的态度。这是经营中企业文化的体现。

不操纵数据，不耍花招

无论是过去还是当下，ALDI 都严格遵守财务监管制度以及相关法律法规，从未试图忽视或规避法令法规。如果自身树立了糟糕的榜样，怎么能指望员工遵纪守法呢？

ALDI 尊重劳动法。在法律专家和劳工法庭的支持下，在与劳资委员会的辩论中，ADLI 一直希望自己对劳动法的看法得到认可。我们认为这种坚持是正确的，只要争端不仅仅是庸人自扰的做法。例如，ALDI 店员的奖金制度是基于整个门店当月经营业绩即当月营业额除以工时数：生产力越高，奖金就越多。作为原则，公司将因病缺勤的员工排除在奖金计划之外。以前当某个员工缺勤时，因为通常找不到连续数天工作的替代者，所以随着总工时减少，不仅当班员工的奖金增加了，缺勤员工也随之增加。因此，新奖金制度就能够消除员工因病缺勤反而收入更高的无稽之谈。在这一点上，尽管最终没能说服劳工法庭，ALDI 仍然实事求是地陈述了情况，不耍任何花招。

另一个例子是多年来关于雇用临时员工的争论。因为只有当门店额外需要员工时，ALDI 才会临时招收部分女工

第 2 部分 企业文化

前来工作，工会将其称作零售行业的"应召女郎"。根据营收波动情况调整员工数量的制度被称为"Kapovaz"，这是一个用德语单词构成的首字母缩略词，意思是以产能为导向调整工作时间。所有公司根据营业额调整成本的做法是合法而必要的。尽管抗议不断，ALDI 还是始终坚持为自己辩护。但是，这种争论最终使员工受益，最后 ALDI 和工会之间达成协议，保护员工免受片区经理、门店经理的刁难。这意味着不能强迫员工轻易离家上班，例如要求在家做饭的员工赶来上班。务必设置员工作息时间表，这样就可以合理安排时间。这些条款理应被写入双方签署的合法劳资协议中并得到履行，但由于社会法和保障法正在肆无忌惮地扩充，许多公司很难真正做到。如上所述，ALDI 试图使用最新奖金制度减少因病缺勤率，但从法律角度看这似乎站不住脚。最后 ALDI 也不得不放弃，这一制度的开创者对此深感遗憾。

公平对待供应商

公平对待原则主要适用于 ALDI 与供应商的关系，虽然市面上从不缺乏关于 ALDI 威胁供应商、依赖并滥用采购能力的负面新闻。但是，总体来说，这些报道只是源于专家的假设或者是因为产品质量低劣没有续签合同的个别供应商的投诉。

鉴于 ALDI 的良好表现，零售行业新闻期刊 *Extrakte* 写道："ALDI 不仅像钟表一样准时支付货款，它们还是公平的合作伙伴。"

其令人称道的做法还包括拒绝贿赂。尽管贿赂在零售行业已经是司空见惯的现象，但我们还是能从细节之处发现一些问题。圣诞节赠送一瓶香槟难道只是为了表示感谢吗？为什么采购部门的产品经理能得到一瓶酒，而收银员却一无所得呢？业内人士都心知肚明，供应商在拉拢采购人员方面，可谓花样百出。最后甚至可能赠送一辆大众敞篷车给其妻子或者安排葡萄牙豪华游。不幸的是，尽管人们生活水平普遍提高，但这种做法仍然非常流行。

ALDI 仅仅一位专业采购员每年的采购额就高达15亿—25亿欧元。采购金额如此巨大，任何慷慨的"礼物"都是小菜一碟。对所有零售商来说这都存在巨大的风险，而且没有万无一失的防范措施可以应对败坏名声的员工和供应商。

ALDI 也不得不面对这样的困境，作为回应，只能立即开除涉案员工。例如，当 ALDI 高管前往土耳其为

第 2 部分 企业文化

ALDI 创建 BIM[①] 连锁超市时,一家广受欢迎的饮料制造商提供机会让其免费三周现场观看亚特兰大奥运会。他理所当然地予以拒绝,并为自己坚持原则而深感自豪。供应商都曾经为了给 ALDI 留下美好、持久的印象而给予馈赠,但最后都徒劳无功。

那么采购决策者如何能够保持中立,而不被怀疑对供应商过于"友好"呢?ALDI 明确规定:允许接受的最珍贵礼物就是日历,其他任何礼物都应被拒绝并退回,还应附上措辞友好的回信,希望得到理解。ALDI 理所当然地拒绝所有来自供应商的外出就餐邀请,也拒绝任何访问制造商总部的邀请,除非必须检查制造商的生产设施,从而了解供应商的产能和质量状况。

顾客完全可以心安理得

以顾客为导向是当今市场的流行语,也是先进的营销

> 尽力帮助别人,最终将给自己带来帮助。
> ——塞涅卡

[①] BIM 是一家由阿齐兹·扎普苏于 1995 年创立的土耳其硬折扣连锁超市。目前,BIM 是土耳其最大的食品杂货零售商,在土耳其、摩洛哥和埃及拥有 6 765 家门店,2017 年销售额为 52 亿美元。

策略。在最新的时尚管理语言中，其他术语也非常流行：如"客户至上""定制""客户管理""有效客户响应""聚焦客户""以收益为导向，满足客户需求"，或者"关系管理"等。

几乎每天都有新名词产生。但问题的核心即商业中最古老的"真相"，一言以蔽之："顾客至上"。商业就是针对通常可以自由做出购买决策的顾客展开营销。实际上，这个简单的定义已经足够了，但教科书和商业期刊充满了"最新的、革命性的见解"，因此有必要根据ALDI的经营实践再来谈谈这一点。

保持简单绝非易事

以顾客为导向似乎理所当然并且看上去很容易，如果不围绕顾客需求开展经营，公司还能走向何方？但经过反复观察，自然就会得出结论：保持简单绝非易事。

这就是商业顾问仅仅通过告诉陷入困境的公司高管们一些关于"服务客户"的方法，就能够大赚其钱的原因。然后"将接近顾客的方法纳入完整的管理包"。著名的科尔尼咨询公司甚至提出"以收益为导向的客户管理"（ECM）的观点。

第2部分 企业文化

为什么以顾客为导向如此复杂？即便是富有经验的管理者似乎也不能做到完全以顾客为导向。门店究竟是缺乏必胜信心还是达成目标不力？以顾客为导向难道只是空洞的词汇吗？在关于现代企业领导力的理论论述中，日常经营中对顾客定位不准确反而被美丽的借口所代替。将这些长篇大论总结为简单的意思，用亚瑟·叔本华的话说，毫无疑问是平庸的表现。"以收益为导向的顾客满意度管理"势在必行，被"全球化和技术进步的力量"所证实[①]。该作者得出的结论是，合理化和生产力提高的潜力会明显影响客户收益表：

> 客户收益表最终是支出与产品和服务换来的净收益之间的差额，它考虑了独特的客户关系和沟通过程等因素，并显示了客户关系的当前收益价值。以收益价值为导向的客户满意度管理侧重于客户关系的未来价值或潜在收益价值，并考虑到客户满意目标值是由客户满意度分析所提供的见解推导出来的，在此基础上有针对性地、系统地塑造特定的客户关系和对话过程。

---

① 参见迪特·瓦舍于1996年11月发表的《从经济角度看问题》。

ALDI不会将时间浪费在理解复杂概念上。这样就能节省大量时间,从而将全部精力集中在重要问题和具体实践中。如果管理层花费大量精力去实施这些所谓根本性、革命性的见解,ALDI将变成什么样子?答案只有一个:"如果听起来似乎是无稽之谈,结果通常就是无稽之谈。"

ALDI之所以成功,是因为其专注于将问题简单化。正如汤姆·彼得斯与罗伯特·沃特曼在他们合著的《追求卓越》一书中指出:"让一切回归本质。"事实也很简单:一切收入只能通过向顾客销售产品获得。顾客提供资金并为一切买单。顾客支付员工工资,支付供应商货款,还缴纳税金。此外,正如它所希望的那样,顾客还为公司利润做出贡献,使所有者和股东能够通过投资获得收益。

1995年,在MMM(Modern Market Methods)俱乐部年会上,瑞士圣加仑大学企业管理教授弗雷德蒙德·马利克发表了一项研究结论,实际上回答了所有基本问题:

> 努力提升客户价值,而不要只盯着如何提高利润。

第 2 部分 企业文化

挖掘顾客需求的捷径

然而顾客究竟需要什么？我们怎么才能发现顾客需求呢？方法只有一个：总经理必须离开办公室，去到实践的地方，视察所属门店。所谓报告、市场调研以及"尼尔森数据"，其实无足轻重。检测、调查、倾听、观察，并且站在顾客的立场，将自己当作顾客，这样才会卓有成效。判断公司业绩最简单的方法就是，像顾客一样购买自己的产品。对于零售商来说，这意味着：购物之前最好准备一份采购清单，前往员工并不认识你的门店，尽可能真实地购物。除非亲自站在货架上挑选商品，否则你很难发现任何重要细节。不需要特殊的系统，也不需要雇用第三方消费者，你自己就能做到。与其征求专家意见，不如利用自己的头脑和经验，这样通常就足够了。

几乎每个人都能分享一些类似的经历：一位顾客刚刚购买了 3 卷关于伊斯兰教的书籍，然后把第 2 卷遗失在了飞机上。为了补齐这套书，作者去了位于汉堡的海曼书店，尽管他并不是在这家书店购买的此套书籍。书店告诉他这些书不能分开出售。但他不想因为丢失其中一部分而花费 45 欧元购买整套三卷新书。书店询问该书出版社——

赫德，是否可以破例处理。两周后，赫德出版社免费寄来了第 2 卷！

另外一个例子同样令人印象深刻：顾客在位于德国北部巴特塞格贝格的莫贝尔·卡夫家具门店购买了一张沙发，刚开始顾客并没有注意到垫子有缺失，因为从表面看不出来。但两年后他在与另一个展厅的样品对比中发现少了一个垫子。顾客提出要求后，门店立即免费补给他，并且不需要任何手续。公司相信顾客的说法。作为一个原则，这是真正意义上的以顾客为导向，也让我们看到商家如何建立客户忠诚度。

这样的例子与 ALDI 的退货政策一样操作简单，令人信服。ALDI 允许顾客退回不满意的商品并能即时收到货款，不需要任何理由（另请参阅"处理退货"）。

尽管存在许多这样具有启发性的例子。但可悲的是，反面例子比比皆是。一位顾客在汉堡一家大型百货公司，想从 Delsey 法国大使牌行李箱目录中找到中意的产品。然而门店没有现货，门店员工也不想订购样品供顾客挑选。"大量的样品只会将储藏室搞得乱七八糟。"德国汉莎航空拥有无数预订座位，使得它们的价格毫不透明。复杂的预订条款让许多顾客头痛不已。即使航班还剩下很多免费座位，顾客还是要支付预订费用。只有支付了高昂费用后，才能避免错过航班。很多家具零售商的交货时间目前仍然长达 14 周，而其他行业或商家已经实行了"即时交货"制度。"即时交货"也是宜家获得成功的原因之一。因此，为什么传统家具行业抱怨销量下降？我们真的还需要浪费时间讨论"以收益为导向的顾客满意度管理"这个话题吗？公司应该把最基本的事情做好。

提供最佳基本服务

额外开支是没有必要的。一位成功的时装零售商 CEO 曾经说过：

> 最佳服务不是让顾客感到别出心裁，而应该是简单明了。

ALDI 的成功很大程度上是建立在坚守以顾客为导向这一根本理念的基础上的，而且他们坚持付诸实施。即便在 ALDI 任职多年的高管，也很难发现有员工会有意做出损害顾客利益的事。

一次西奥·阿尔布莱希特前来视察，大家一起去尼必尔市的一家门店。西奥·阿尔布莱希特在货架上发现了三根玛氏巧克力棒。他拿下其中一根去了收银台。可以想象收银员对这位大人物的到访感到多么兴奋，她要收取25美分。当西奥·阿尔布莱希特表现出惊讶时，收银员回答道："阿尔布莱希特先生，每当顾客有疑问时，我们总是站在公司这一边！"尽管员工小心行事是出于好意，但是难道将59美分除以3来销售一根就会给公司带来巨大压力吗？然后，他轻声细语地向收银员解释作为顾客可能期望什么。

什么是价值观和规则，作为一种指导思想，有什么比公平对待顾客更容易理解、更能让人接受的呢？"简单、易懂、基本、道德、明智"，这些词汇清晰而精确地定义了绩效、可靠以及诚信，它们也是咨询顾问和营销大师给出的最新热门词汇。

诚信经营

诚信是人际关系中的关键词，尤其是主管与员工之间以及公司与供应商和顾客之间。雀巢公司前CEO赫尔穆特·毛赫尔曾这样描述："诚信即言行一致。"在与顾客的

第2部分 企业文化

关系中，ALDI 很好地践行了诚信理念，并获得了丰厚的回报。

ALDI 长期坚持优质低价的经营原则，顾客对此深信不疑。最终使顾客在选购商品时完全不需要检查 ALDI 商品的性价比，而对竞争对手的商品往往并非如此。顾客深知自己在 ALDI 购买的商品质优价廉。起初，他们会经常对 ALDI 商品的价格进行比较。但后来他们知道可以放心地信任 ALDI。品类有限使 ALDI 管理层能够轻松控制每个 SKU 的售价以及质量竞争力。

ALDI 在顾客眼中已经非常值得信任，因为其言行一致，宣传（请参阅"ALDI 相关信息"）和经营也高度合拍。从未让人失望，所以值得信任。ALDI 似乎扮演了顾客委托人的角色。例如，当可可原料价格上涨，供应商建议略微降低产品的可可含量，从而将售价保持在 1.50 欧元的门槛之下。ALDI 拒绝了这个建议，宁愿将售价提高至 1.57 欧元也不在质量方面打折化。

1996 年，德国《食品报》主办了一场以"德国折扣行业"为主题的会议。会议对 30 年来 ALDI 始终如一的非凡表现表示充分肯定，对于顾客和生产商而言，这种表现意味着诚信。顾客甚至做好了前往 ALDI 购买电脑等电子产品的准备，对此诚信是唯一合理的解释①。

不折不扣的质量和产品范围政策

将近乎完美或者特别优良的质量作为基本要求，是贴近顾客的方法之一。这体现为不折不扣、长期坚守的质量。在 ALDI，每当鸡蛋运抵配送中心，员工就会用验蛋灯——这是一种用作检测鸡蛋新鲜度的简易工具——检测新鲜度，绝不让有关鸡蛋含有沙门氏菌的新闻出现。相比之下，其他竞争对手甚至连验蛋灯是什么都不知道。此外，ALDI 的鸡蛋总是最新鲜的，因为所有零售商中，ALDI 的鸡蛋销量最大，并且库存周转次数最多。

每天对自有品牌进行抽样，与名牌商品进行比较，并且送到实验室进行检测，这是 ALDI 对数十年来一直实行的强化质量政策采取的补充措施。在许多零售商对"ISO 9000"和"全面质量管理"（TQM）还一无所知时，ALDI 就已经捷足先登了。ALDI 的质量政策还包括明确而诚实

---

① 多年来，ALDI 大力推进位于德国埃森市的计算机制造商 Medion 的业务。Medion 公司最初是 ALDI 电子产品自有品牌的小型生产商，后来年营业额增长到了十亿美元，最终被中国的联想公司收购。

第 2 部分　企业文化

地公开商品成分，无论它是否会对顾客产生吸引力。

然而在 ALDI 也有例外：ALDI 利用名牌"Gordon Rouge"与"Gordon Jaune"之间微不足道的差别，销售柑曼怡香橙干邑甜酒，消费者很难区分这两个品牌。ALDI 销售的"Gordon Jaune"品牌基本款白兰地比名牌价格低很多，从而吸引了许多消费者。ALDI 只在德国销售此商品，而其他零售商则销售更为昂贵的红丝带干邑白兰地。尽管这样拼写并没有错，但有意识不标明两者的差异，无疑可以说是故意"含糊其词"，或者在打擦边球。

在以顾客为导向方面不折不扣，许多德国零售行业管理者没有遵循著名综合管理专家弗雷德－蒙德·马利克建议的原则：单位产品利润、毛利和毛利率，或者供应商赞助的广告费用，不应成为产品范围的基本决策依据（另见"成功不是由采购部门而是由商业模式决定的"相关内容）。这是避免将某个供应商的产品塞满货架的唯一方法，否则将与以顾客为导向的经营理念相抵触。供应商相关费用和顾客需求必须被明确区分开来。

ALDI 的竞争对手常常以供应商为导向。乌韦·罗斯曼尼思将其明确称作"许多公司片面追求采购[①]"。这不仅

[①]　参见 1992 年 11 月 12 日版《食品报》。

是指采购的商品,还包括货架空间、费用分摊、返利、退款以及广告支持等。如果你仔细观察货架,从字面上就能看出供应商提供 750 克和 820 克两种类似分量的同一款香肠,这种做法只会令顾客混淆。"片面追求采购"正逐渐将以顾客为导向的理念从公司日常经营管理中排除出去。

  出于诱人的上架费以及供应商返利,特易购商品种类多年来持续增长,达到令人难以置信的 90 000 个 SKU。产品是否热销似乎无关紧要。没人关心特易购买手们的决策是否合理,以及市场是否存在需求。货架上堆满商品,反而忽略了顾客需求和喜好。特易购将管理变得难以置信的复杂。供应商提供的各种资金甚至成了十分重要的收入来源。在 ALDI 和 Lidl 等硬折扣商越来越大的挤压之下,特易购决定与波士顿咨询公司合作,寻找方法将商品 SKU 减至 60 000 个。当涉及品类决策这样的零售商基础工作时,聘请波士顿咨询公司只能表明特易购是多么无知。

处理退货

  谁将对想要退货顾客的抱怨敬而远之?这是对公司顾

第2部分　企业文化

客服是否真诚的终极考验,对一个接一个案例是否得到正确而快速的处理,能够作为判断的依据。ALDI意识到,具体实施总是困难重重,只有牢固建立明确的规则才能防止产生歧义。因此,ALDI的原则是:回收顾客不喜欢或者感觉不完美的所有商品。顾客可以选择换货或者退款。听说这种规则的每个人几乎都担心顾客会过分地利用规则,认为最终决定权应该留给门店管理层。ALDI对这种看法置之不理,仍然坚持己见。我们认为,在注重质量、管理良好的任何行业,顾客过度利用这种慷慨的情况都非常罕见,所以ALDI坚决不允许门店拒绝顾客退货。因此,ALDI门店的每个员工都知道如何执行"退货政策"。

尽管如此,还是出现了明显的滥用退货规则的案例,有顾客将香槟酒空瓶一次又一次地退回,此时门店会留意顾客的姓名和地址,并报告片区经理做出决定,然后及时通知顾客。这样就能极大程度消除门店员工随意处理退货的行为。

德国《食品报》在1996年10月4日发表了一份报告,详细介绍了作为ALDI企业文化特征的这种做法,全文如下:

ALDI 南方的快速处理

10月2日，记于法兰克福一家酒店。

情况真是烦人，但像这样的事情经常会发生。在威斯巴登 ALDI 南方门店购买的 Hardsider 品牌小型旅行箱，第一次使用就出现了问题——圆筒锁掉了出来。

顾客希望通过致电位于莫尔费尔德的 ALDI 区域中心找到解决办法，一名 ALDI 员工愉快而友好地接听了电话，当听说来电者的紧急情况后，立即将电话转接给另一位同事 T 女士。T 女士积极提供帮助。她建议道，如有必要，可以将箱子退还给门店，然后会立即收到退款。但是，她继续介绍道，ALDI 还设立了专门的"服务电话"处理类似问题。T 女士马上寻找电话号码，但没有找到。20 分钟后，T 女士再次致电顾客，告知了相关信息：请联系位于汉堡的 Dario 公司。

在这种情况下，其他零售商绝对不会像 ALDI 这样给予顾客国王般的待遇，但来电咨询者在 ALDI 能感受到礼貌和安抚的态度。经过深入讨论，T 女士建议将箱子寄回汉堡。由 Dario 公司承担运费和手续费，收到后看看接下来如何操作。

尽管这个建议听上去挺不错，但顾客仍然选择了简

> 单的处理办法：将箱子直接退给ALDI。在位于威斯巴登市美因茨大街的ALDI门店，他的退货经历让人有些意外：门店居然没有任何迟疑。尽管顾客无法提供收据，门店经理仍然回收了箱子。"请问您花了多少钱？"由于顾客一直在度假，所以细节记得并不十分清楚。他并不肯定地回答："我想可能是29马克90芬尼。"本着充分信任顾客的原则，ALDI员工全额退还了货款。

高度关注细节：每天进步一点点

像ALDI这样高度依赖成本意识的公司，需要那些对工作细节感兴趣、而不是担心受到21世纪营销理论冲击的员工。在ALDI，员工对细节的兴趣得到提升并不是依靠人事部门的努力。在ALDI，完成了定期安排的日常任务的员工，能够得到额外、有趣的工作轮换的权利，而在其他公司，这些事务一般由人事部门负责安排。因此，正如激励理论专家所倡导的那样，ALDI提供了一个"工作丰富化"的实例。

在这项政策实施前，员工对细节的兴趣不足，而且提升的速度也很慢。这就是ALDI成为"实践型公司"的重要原因。在政策制定方面，明智而有预见性的做法，就是让那些受政策影响的人积极参与，加上企业家、实干家的认真指导，这是实现成功的必要条件。ALDI已经尝试过多种方法，并采用简单易行的方式不断测试和实施。所有员工将面对并处理各种问题，他们通常也有能力为方案和决策做出有价值的贡献。因此优秀的管理者知道，改革之初就让所有员工积极参与，那么项目或措施就已经成功了一半。在这方面，不应有任何限制，特别是在各个工作层级中提供基础服务的人员，也应当被纳入这一进程。

我们的经验表明，公司需要掌握的知识，也应当存在于员工的头脑里。在每家公司，大量不同个性的员工构成的集体知识，都可以建立一个充满信息、事实、想法、经验和见解的宝库，它将超出常人的想象。为了充分发掘这个宝库，就需要一个强大的组织、一种特殊的氛围和文化。在许多公司，员工的投入得到激励，但真正成功的文化是员工在没有任何激励的情况下主动提出建议甚至实现建议。在公司内部，经验被反复推广，而且随着岁月的流逝，也不断向新人传递。关注细节，能够使得公司成功，更能提升员工的动力。成功，现在是而且永远是最大的动力源泉。

通常，这仅仅涉及常规性解决方案，即可以立即实施

第 2 部分 企业文化

的想法。只有当人们不清楚公司的基本前提或者必须回答特殊问题时,才需要科学家或"顾问大师"的帮助。常规性专业精神最终为 ALDI 的成本领先地位做出了决定性贡献。

这就是库诺·潘宾所说的 ALDI 获得"战略性成功地位"的方法。在相当长一段时间里,ALDI 都能够确保这种战略竞争优势。多年来 ALDI 凭借强大能力,提出并实施长期保持低价的简单解决方案,在竞争中完败对手。这种能力既不容易获得,更不可能被复制。

例如,坚决不妥协的立场和完全拒绝任何诱惑,使 ALDI 在门店租金上具有相当大的成本优势。由于 ALDI 门店的租期通常为十年,所以年租便宜,因此竞争对手需要很长时间才能实现 ALDI 获得的超高利润。而其他连锁零售商的租金占运营成本的比例甚至高达 30%。在柏林市区波茨坦广场的全新商业中心,一家位于地下室的 ALDI 门店刚刚开业。ALDI 门店的租金远远低于其他租户,毕竟 ALDI 为其他租户吸引来了顾客。ALDI 门店就像一块磁铁,吸引了大批消费者。所以,即使租金低廉,但是位置上好。

在现代管理理论中,这种持续改进细节的努力,在日本被称作"kaizen"(持续改善),在大众汽车公司被称为

"CIP[①]"（持续改进过程的平方），大众汽车总经理伊格纳西奥·洛佩兹也因此名声大振。对于将树立良好榜样、保持每天进步的企业文化深深扎根的ALDI来说，看似现代化、用令人印象深刻的专业术语包装起来的管理学，已经显得无足轻重了。

例如，ALDI卡车配备了行车记录仪，用于记录车辆后部装卸门的移动情况，并对生产率以及装卸门是否过度使用做出判断。ALDI还深入研究了当商品放置到货架上想要打开外箱，侧面开窗还是顶部开口更加方便、效率更高。当然如今ALDI已经要求外箱能够完全打开，这项研究已经变得没有必要了。

西奥·阿尔布莱希特亲自设计门店内饰

事实上，西奥·阿尔布莱希特原本立志成为一名建筑师。因此，他长期关注ALDI门店的内饰设计。他提出的门店设计布局方案，很多时候比门店经理的建议还要好。也许有理由说，这似乎与其公司创始人的身份不无关系。

---

① 参见库诺·潘宾于1992年在伯恩·斯图加特发表的《战略的成功管理》。

无论如何，西奥·阿尔布莱希特是ALDI美德活生生的例子——注重细节，不断改进，总在试图找出最佳方案。他要求员工以他为榜样投入更多精力，找到更好的解决方案。计划开设新店、统筹门店规划的区域公司运营总监，有时会幸运地接到西奥·阿尔布莱希特的电话，受到他的亲自指导"请拿好图纸，你最好……"。就这样强强联合、集思广益。"细节不仅是细节，细节更是产品。"①

从奥林匹斯山到门店

ALDI区域总经理既要关注细节，但又不能忽视公司的整体架构。这意味着在实践中，管理委员会成员和总经理都应当关注门店鸡蛋的新鲜度。对细节的了解还意味着，即使是公司高管，也要走进门店，查看公司每一个角落，通过体验、测试和实践，掌握决策过程中的数百个要点，寻找解决方案，并付诸实施。

管理者必须是榜样，这是他们的基本职责。管理委员会成员在对区域公司进行实地视察时，也要特地视察所属

---

① 参见自查尔斯·埃姆斯《在华盛顿一家家具店的发现》一书。

门店。视察中，重要的是花几分钟时间仔细观察员工的工作情况。管理委员会对某一特定员工的业务水平并不太感兴趣，而只是简单地查看一项任务的目标是什么，以及能否有效而经济地完成。因为任何时候、任何地方都有改进的空间。一家门店所做的改进可以被推广到几千家门店。对于此类评估，并非只有实操专家才能进行，只要具有批判性、质疑性的观察能力就能做出。

走出高高在上的行政办公室下到基层，比起对宏大愿景、21世纪营销以及营销专家和企业顾问撰写的大作进行哲学思考，往往要困难得多。研究细节能够使管理者了解门店层面的日常工作，这是既必要又有益的活动。减少管理层级以及设立更少甚至不设人事部门是行之有效的两种方式。当然，一方面要面向未来，另一方面必须专门将底层员工纳入战略发展进程之中，从而对

> 领导一家公司务必坚持实事求是，并需要经常深入基层。
> ——卡乔·诺伊基兴

日常经营细节给予足够关注，并且能够正确看待这些细节。

德国硬折扣商Norma也意识到了这一点。多年来，它一直狂热地模仿ALDI，并且成功实现了高额盈利。多年前，Norma聘请了一批经验丰富的ALDI前任经理，包括前

区域总经理彼得·维丹、哈拉尔德·施耐德巴赫以及ALDI的核心采购员皮埃尔·舒尔茨、古瑟·库哈恩。如果允许的话，他们应该以果断的方式帮助公司重塑经营模式。之所以有所担忧，是因为Norma作为家族管理公司，已经发展出了一种专制文化。成功的必要先决条件是将授权原则付诸实施，本书将在后面部分讨论ALDI的做法。

就连长期以来ALDI在折扣市场上最大、最强的竞争对手Lidl，也聘用了ALDI南方前任经理克劳斯·格里格、沃纳·霍夫曼以求强化竞争实力。如今，他们正在争分夺秒地工作，让ALDI这位前雇主大伤脑筋。

仅仅关注细节或者规则

事情都有两面性，在某种情况下如此会取得良好的效率，在另一种情况下如此就会造成可怕的问题。如果考虑不周，极简主义同样可能造成损失。通常，随着时间的推移，需要调整的地方会越来越多，然而陈规陋习会像法律一样岿然不动。

然而，与拥有团队专门负责制定繁文缛节的其他公司相比，这种风险对ALDI的威胁要小得多。对于ALDI一线经理而言，办公室理论工作总是不如与实践直接相关的工作来得重要。

然而，ALDI 也存在官僚问题，西奥·阿尔布莱希特领导的 ALDI 北方比其兄弟卡尔领导的 ALDI 南方在这方面的问题更加严重。"官僚主义"增长的原因，是管理团队的结构问题和互不信任。在 ALDI 南方，高管参观门店后不需要提出总体评估报告。ALDI 南方一直比北方"更精简"，例如在 ALDI 北方有详细的工作职责描述以及非常复杂的作业指导书。在 ALDI 北方总经理与管理委员会举行的会议上，他们居然会专门讨论诸如"冰箱清洗""公司大楼公寓租赁"或者"给店员的警告信"等主题。管理委员会讨论诸如"印刷车间的工作职责描述"以及"允许派往德国境外的审计员支付的费用"等细枝末节的问题。

"门店经理检查清单"包括 64 个问题，收银员培训计划长达 8 页，尽管与传统超市相比，ALDI 要求门店实行更简单的管理措施，但各门店仍对店员的授权领域及其工作任务进行了非常详尽的描述，将"哈茨堡模式"发挥到极致。整整 36 页都是关于如何处理库存损失的说明。《领导指南概要》也包含了太多的监管细节和概念。

无可否认，在单店推行这些措施非常合情合理，而一旦广泛应用于数千家门店，通过几何效应放大将对业

第 2 部分　企业文化

务产生重大影响。官僚主义是所有公司的通病。当 ALDI 不再坚持"极简的成功之路"，ALDI 员工的工作将变得复杂。ALDI 员工也曾严厉批评官僚的"指导准则"，例如其中一条"准则"是关于门店办公桌的整套规则：明确规定了哪些文件以及办公用品务必存放在何处。精细而复杂的奖金发放规则，也给片区经理带来了更多官僚作风而不是利益。包括无数变量的奖金制度过于复杂，最终导致混乱而员工远离工作实践。过度的官僚主义还表现在工作职责描述手册上，手册规定了在每个监督岗位上何人、何时应该向报告事项等具体内容。手册旨在确保每位员工将必要的信息传递给其他相关的同事。《通用管理指南》对建议、指令、信息、流程、投诉以及其他事项等主题做出了定义和规定。如果分散实施，每个条款看起来都合情合理。但总体而言，其中大多数条款带来的是负担，而非好处。

对官僚主义的批评主要来自公司底层，即那些从事实际工作的员工，而经验表明，绝大多数批评言之有理。ALDI 的权力核心过去是，现在仍然是其管理委员会。像其他公司一样，ALDI 也存在通过指令的风格、形式表现出来的隐秘的权力斗争。

与其他地方一样，管理委员会成员对特定方法或行为方式都有自己的好恶倾向。这种情况下，重要的是看谁更有说服力。如果官僚主义者或者怀疑主义者获胜，他们就会出台相应的流程和规章。由于管理委员会不希望在总经理会议上出现意见分歧、争论不休，因此最终会达成一致意见。然而，一般来说，即使总经理提出很好的意见，也很少有机会付诸实施。这是目前 ALDI 日益严重的问题，可能逐渐成为公司业绩提升的绊脚石。

尽管受到各种诱惑，始终坚持严守规则

管理者也会失去发展方向和奋斗目标。坚定、忍耐并长期遵循公司确立的战略并不容易。还需要坚持正确的原则。坚持意味着：决不改变行之有效的方法和信仰。

ALDI 从未经营过其他类型的门店，也从未涉足药店或全品类超市，更没有纵向延伸到产品制造领域。咖啡是其唯一自制的产品。南北 ALDI 都拥有咖啡烘焙工坊。ALDI 将全部精力集中在了零售领域，与 Coops（德国消费合作社）或美国 A&P 大相径庭。后面两家零售商将近 80% 的产品曾经都由自己生产，但最终这种模式失败了。A&P 曾经是美国最大的杂货零售商，如今却已经从市场上销声匿迹了。

第 2 部分 企业文化

ALDI 长期以来抵挡住了扩大品类的诱惑。多年来，它们拒绝推出水果、蔬菜之类复杂的全新品类。这种坚持需要高度的纪律，并且要求公司及其员工与众不同。

举一个其坚守原则的例子，ALDI 有时近乎固执甚至盲目，例如对待黄油的方式。黄油是 ALDI 唯一没有出售的重要冷藏产品，因为 ALDI 担心销量不如预期并且没有利润可赚。这似乎与其反复强调的以顾客为导向的经营理念相矛盾。尽管荷兰经营环境完全不同，但黄油照样被排除在货架之外。但正是这样的例外（一般聪明的做法）确保了普遍正确的规则和底线思维。正如德意志帝国政治家俾斯麦的观点，这种情况下，坚持原则就像嘴里咬了一根棍子还试图跑过森林一般艰难。毫不讳言，关于黄油销售，ALDI 的确犯了错误。

折扣商之间日益激烈的竞争无疑让 ALDI 的管理者寝食难安，它们逐渐认识到不能再忽视像黄油这样的新品类和新产品了。从以顾客为导向的角度来看，拒绝出售黄油总是不合逻辑的。就 ALDI 的经营模式而言，黄油也是日常消费的基本产品，因此，ALDI 早应该上架销售。食盐也是如此，虽然销量不大，利润率通常较低甚至略有亏损，但因为属于日常消费的基本产品，所以 ALDI 依然长期在售。

多年维持品类不变需要严格的纪律。1987年雀巢公司在一项研究中指出:"根据对顶级零售经理的调查,所有受访者都认为ALDI正在放弃有限品类策略,朝着成为全品类零售商的方向发展。"事实上,反而是其他一些竞争者应验了这句话,正在做出改变。它们刚开始以折扣商形象示人,然后,部分因为饱尝失败,部分因为缺乏纪律,最终扩大了它们的产品经营范围。例如,瑞士折扣店Denner将SKU扩展到3 000个(后来又重新收缩到1 000个)。

没有任何其他公司拥有比ADLI更好的管理者了。竞争对手当然也有管理者,他们的能力和背景至少不比ALDI的管理者差,甚至更好,并且所有管理者都有人类普遍拥有的优点和缺点。但ALDI的管理者同时扮演了与企业文化相匹配的多个角色。而且,毫无疑问,ALDI的管理者的行为也受到外部运行环境、运营规则与机构等力量的影响。他们被迫遵守规则,尽管与他们的天性格格不入。来自重要供应商的"工作午餐"邀请广受欢迎,在业界非常普遍,而ALDI主管却对其敬而远之。在ALDI的长期运营过程中,大多数员工都会经历变革,同时树立起支持企业文化的信念。ALDI坚守以顾客为导向严格推导出来的目标,连最小的细节之处也保持一致。少数竞争对手也可能如法炮制,但大多数则很难复制。这一点从竞争对手的超

第2部分 企业文化

低利润就可见一斑。因此,如果他们会为获得1%的利润率(税前利润占营业额的百分比)而欣喜若狂,也就不足为奇了。

竞争对手都不明白,想要成功复制ALDI,必须复制以下基本原理:极简主义原则以及坚持和自律的美德。竞争对手不想错过公司的福利、供应商的宴请以及日常工作中各种有趣的诱惑。在细节方面,要做到始终如一,就需要做大量的工作,只有人们对仅仅依靠工作就能获得成功的观点深信不疑,这些工作才能被很好地完成。ALDI绝大多数员工都非常认同这种观点,甚至门店的体力劳动者、卡车司机、配送中心的托盘操作人员也同心同德。他们不仅比业内其他公司员工收入更高,而且得到了顾客和朋友的极大关注,因为几乎每个人都对ALDI的出色表现赞不绝口。这是所有员工都感到责任在肩的原因之一。

> 专注是达成经营成果的关键。至今没有什么比将专注作为基本原则更为有效。我们的座右铭是:所有的事情,让我们只做一点点。①
>
> ——彼得·德鲁克

专注是宜家创始人英格瓦·坎普拉德提倡的九条戒律

---

① 参见彼得·德鲁克于1996年在纽约发表的《成果管理》。

之一："集中精力对我们的成功至关重要。你不可能同一时间做许多事情。"[①]ALDI同样是长期专注于其传统经营模式和明确奋斗目标，不屈不挠、坚持不懈。

"由怀疑驱动的管理"

每家公司都有自己的特质、怪癖以及变本加厉的行为。ALDI也毫不例外。1992年，德国《经济周刊》将ADLI要求员工守口如瓶的政策称作"由怀疑驱动的管理"。但是，这一点除了对老板适用之外，对其他员工而言其实是一种错误的做法。大家都认同这个观点：任何公司老板都一向多疑，毕竟他们的命运系于一线。西奥·阿尔布莱希特的多疑影响了公司的主流文化，这是不争的事实。然而，ALDI实施的管理和控制系统对于其他公司来说，仍然值得效仿。

每个人都应该意识到，良好的管控流程至关重要，这至少有两个理由：

[①] 参见英格瓦·坎普拉德与贝蒂尔·托雷库于1998年在汉堡发表的《宜家成功的秘密》。

第2部分 企业文化

> - 能够降低风险；
> - 不断提升公司的经营成果。

控制究竟是意义重大还是无稽之谈，任何人都应该勇于思考。来自亿康先达国际咨询公司的亿康·先达认为，列宁的观点"信任固然不错，但管控效果更好"是愚蠢的，具有破坏性的。我们完全同意他的看法。那么，何时允许管控，如何管控甚至是强制性进行管控呢？

对于许多公司，尤其是对其监事会而言，在更加专业的层面，更加严格地处理与管控相关的问题会给公司带来很大帮助。德国伏尔康造船厂的监事会形同虚设，前监事会成员曼弗雷德·蒂默曼，曾负责调查公司破产背景的政府官员发表声明称："公司老板能够不受干扰地发号施令，监事会形同虚设。如果管理得以改善，这家德国曾经最大的造船集团的或许能够避免财务危机。"

监事会管理公司负责人。监事会只有亲身实践并且不完全依赖于来自他们监督对象、审计师和高管的报告，才能更好地履行职责。ALDI 管理委员会以严明的纪律、简约的方式履行职责，这种控制方式在公司各个层级都得到了实施。

ALDI系统基于主管每月针对员工的随机抽样进行管控。经常被授予重大决策权限的员工将受到管控。我们认为，他们有权这样做。否则，怎么才能区分每个员工的实际成就呢？如果员工被认为能力不足或不值得信任，就不应该被分配任务并且承担相应责任。信任是基本前提，而不应该采取"预防性"的怀疑。然而，主管必须检查员工是否以及如何完成委派的任务。这样也可以消除在任务传达分配时可能出现的误解。管控中双方有机会讨论其最终期望值。最后，管控也是为了避开错误源头，降低公司风险。这样就解释了折扣商Penny（属于德国瑞威集团）显示的利润低于ALDI的原因。通过管控，ALDI门店库存实际上至少减少了1%，否则ALDI每年将多花费2.5亿欧元。

德国巴特哈尔茨堡商业管理学院的莱因哈德·霍恩教授，通过其以授权为背景开展的"绩效评估"对ALDI的日常经营产生了影响。ALDI实行的管控流程形成了系统全面的规定并提供系统性的支持，对公司取得成功做出了重要贡献。对ALDI来说，管控流程非常重要，已经成为公司的基本特征之一，与公司对细节的痴迷、长期一致的经营模式、鲜明的性格以及授权原则等紧密联系在一起。

第2部分　企业文化

注重行动，而非永无休止的分析

在《追求卓越》一书中，彼得斯和沃特曼提出了简称为 KISS（"傻瓜们，请保持简单"）的方法。这个首字母缩略词形象地描述了 ALDI 的经营方式。ALDI 的员工都是行动派。他们雷厉风行地尝试一切。他们不会受永无休止的所谓深入分析的束缚。除了向支持公司目标的所有事物敞开大门之外，在经营过程中几乎没有更好的、能够驱动如此稀缺创新模式的动力来源了。ALDI 的另一个优势是，开展任何实验都不能打乱他人的既定议程。不允许出现员工关于他人侵犯其领地的投诉。

ALDI 荷兰的同事举了一个极具说服力的例子，这给整个 ALDI 集团带来了影响。早年，收银员需要记住全部 600 个 SKU 的售价，以便向收银机输入无价签商品的价格。这样的劣势是，一旦价格变化，他们就不得不记住新的价格。而当收银员度假归来重新上岗时，可能需要记住很多新的价格。

采用容易被收银员记住、被收银机识别的商品编号，也许是一个解决方案。但 ALDI 管理层认为此方案难以推行，因此刚开始对它持否定态度。他们认为收银员更容易记住能"说话"的价格,并假设价格如一千克糖包售价0.85欧元——具有某种含义,这就像会因为数量而变得可识别的单位。现在看来,这是一个天真的假设——它从未被证实过。

位于上艾塞尔省奥门市的 ALDI 荷兰经理,在总裁 A.D.Conijn 的领导下,尝试出用输入商品编号而不是价格的新方法。后来,他们将这个系统介绍给了德国同事。当欧元推出时,ALDI 北方推出了世界上最快而且最便宜的数字收银机。在当时没有扫描枪的情况下可以如此快速地完成收银,而且是以如此简单和廉价的方式,ALDI 已经傲视同行了。

随着 2002 年德国引入欧元,ALDI 南方也推出了另一项创新。与 ALDI 北方不同,ALDI 南方的收银员之前仍要记住每种产品的价格。当引入欧元后,收银员不可能刚刚记住德国马克的售价,第二天就能记住全部商品欧元的售价。然而 ALDI 南方没有采用 3 位数商品编号的方法,而决定引入带扫描枪的 POS 系统。如今回想这肯定是正确的决定:品类变化,价格就会随之变化,再加上非食品类商品临时促销活动的推出,促使扫描系统成为 ALDI 南方的标配。

最终,南北 ALDI 都实现了扫描收银的方式。过了一段时间,人们发现,ALDI 许多产品包装的不同位置都印有条

第2部分 企业文化

形码。瓶子和罐子等包装上面条形码甚至环绕一周。这样做是为了让收银工作更快，提高收银员的生产力。ALDI 收银员甚至能够"闭着眼睛"收银。在其他超市，你会看到收银员拿着每件商品，不断旋转查看条形码在哪里，然后握住商品让条形码朝外，以便 POS 机扫描。多条码设置这项技术，不是由 IBM 或美国现金出纳机公司（NCR）这样的零售行业技术服务公司发明的。而是由 ALDI 员工通过每天专注于必需事项、琢磨如何提高生产力而发明的。

还记得本书开头引用的阿尔伯特·爱因斯坦所描述的方法："在黑暗中摸索前进"吗。基于该方法 ALDI 在完全不需要顾问的情况下能够经营成功也就不足为奇了。ALDI 没有企业顾问，没有市场研究人员，没有营销部门。只有涉及困难重重的法律案件时，ALDI 才会寻求外部支持。因为员工如此渴望了解细节，法律顾问也只能小心翼翼地与 ALDI 打交道，在这里即使是法律意见也必须经过严格审查：你必须了解存在哪些风险，法律如何解释。

简单的艺术

ALDI 的成功故事是"简单"的典范。它决定了公司的所有工作是如何开展的。尽管以顾客为导向、极简主义、坚持不懈以及自律是 ALDI 必不可少的特征，但 ALDI 成功真正的秘密是：简单，见图 2-1。

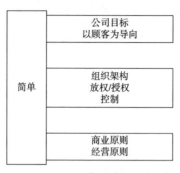

图 2-1　ALDI 成功的秘密

ALDI 是开展常识性、合理性工作的集大成者。它拥有超凡的能力，我们称之为"ALDI 文化"。它的成功不是基于不为人知的巨大秘密，而是"简单"。宜家，作为全球最成功的家具零售商，也是一个能够说明简单如何成为成功决定性因素的范例。其创始人英格瓦·坎普拉德将其描述为一种美德。他说："复杂的规则阻碍公司的发展，过多的规划是公司关门的最常见原因之一。简单是公司的堡垒。"

保持简单在实践中将面对令人难以置信的困难。像 ALDI 这样以人为本的公司或者长期由创始人负责管理的家族企业，行为模式与企业文化非常特殊。创始人作为 CEO，

第 2 部分 企业文化

其特征是,创始人在公司的工作时长不受合同限制,绝不会在短短几年内就离开公司而将职位留给继任者,企业文化能保持长期稳定量。

企业文化的发展需要时间。由创始人负责经营的公司一般起点较低,直到多年后才能成熟起来。由创始人管控的公司,其企业文化在很大程度上很难自动复制。

比如,有一次一位高管的前老板想要参观 ALDI 配送中心。除了 ALDI 以及其他任何公司基本上都禁止类似事情之外,该高管拒绝对方的主要原因是,不想让别人看到"物流科学"是如何在 ALDI 实施的。无论过去还是现在,ALDI 公司都因拥有众多秘密而著称。

在这方面令人感兴趣的是,在全球卡车市场,与竞争对手相比不断取得重大成功的瑞典卡车制造商斯堪尼亚公司,发表了以下声明:"除了一件事,斯堪尼亚并不比竞争对手做得好很多,那就是瑞典人坚持奉行简单原则。简单的设计、简单的生产流程以及简单的管理架构铸就了我们的成功。"乍一听,人们甚至会认为这就是在评论 ALDI。

宝洁公司也喜好简单的行事风格。《商业周刊》引用"将一切简单化"来归纳该公司的企业原则,即"简单性战略"。宝洁公司洞察到,大型超市中有 1/4 的产品每月销量不到一件。鉴于此,企业显然需要改变思维和方法来做出调整。

某些零售商拥有 30 000 个 SKU 甚至更大的经营范围，这决定了整个公司以及各个部门工作的复杂程度。就连小型超市，很多也要销售 30 多种烘焙咖啡，甚至 40 种罐装或瓶装香肠。你将发现品牌、尺寸、包装和口味各不相同的大量商品。一家超市销售的清洁剂就有 800 克、1 300 克、2 500 克、3 000 克、4 500 克和 8 000 克等包装类型，不同品牌的包装竟然完全相同。

以供应商为导向而非以顾客为导向，是品类无限扩张的重要原因，使得公司管理及其流程变得异常困难。

ALDI 是如何运作的呢？简单原则在实践中意味着什么？要回答这个问题，需要明白将简单解决方案作为基本原则只是先决条件，在实际工作中具体落实才能给予证明。具体请看以下概述。

- 不设置营销、控制、信息、公关、广告、法律等部门。
- 为每个人设定明确的目标和责任。
- 公司采用扁平化组织架构，实行放权和授权的原则。
- 统计数据很少。
- 有意识地避免定期调查和各种数据分析（例如不

第2部分 企业文化

> 同时间内顾客平均购买量或每平方米销售额）。
>
> ·不设置复杂的采购条件，很少将产品直接从生产商配送到门店（面包除外）。
>
> ·只有在三店测试中证明销售良好的新产品才会在全公司推广。这样可以避免给整个公司带来潜在的失败风险。
>
> ·商品直接在原包装盒子或托盘上进行销售，商品必须自带托盘交付。
>
> ·商品陈列在门店内只需要满足物流操作要求，从而更容易操作并且提高生产力；而不采用所谓"目视高度"引导顾客购买一眼看到的商品（当然这样会加价）。

简单使公司效率更高。时间是最宝贵的资源。通过加州理工学院神经生物学家克里斯托夫·科赫的构想可以看出，时间与简单性之间的联系非常明显。他在1998年7月2日出版的德国《时代周刊》上发表了自己在意识科学领域的研究成果。各个领域的专家纷纷指责他将分析局限于视觉系统。他怎么这么肯定简单就是获得成功的关键呢。他的以下回答是对简单原则给出的描述：

> 我认为目前不可能发展一种与我们的见解完全兼容的意识理论。我们对大脑的认识少得可怜。因此每个人都必须寻求一种方法,并贯彻实施,而不是让自己被前后矛盾的结果所驱使而完全偏离轨道。当然,人们有时需要解释意识的各种状态。但是,如果丢了大门钥匙,你就需要寻找进入房间最简单的方法,目前,最简单的解释是从有意识的和无意识的角度切入的。当然,可能只有通往储藏室的门才是真正开着的。

不依靠其他的途径,通过不断试错,ALDI已经取得了巨大成功。ALDI采取的方法与克里斯托夫·科赫的倡导可谓异曲同工。

为了公司的"精益"不断付出努力,简单性原则表现出的特点可以归纳为可管理的、清晰的、可理解的、合理的、聪明的。简单的解决方案带来成功。以下就是简单化原则引导企业去做的事。

多问几个"为什么"

日本著名品质管理专家新乡重夫在其著作《丰田生产

第 2 部分 企业文化

取得成功的秘诀》中，描述了"W问题"在丰田的意义。不像我们所设想的那样，这些问题并非熟悉的疑问：什么（what）、何时（when）、为何（why）、谁（who）、何地（where）。5"W"在丰田代表同样的问题重复五次："为什么？为什么？为什么？为什么？"以及"为什么？"

反复问"为什么"，事情就会变得明了。问题被问得越频繁，答案就会变得越简单明了。公司往往过于重视"怎么办"而不是"为什么"。在"怎么办"方面，主要负责人是技术专家和工程师。虽然"怎么办"也是重要问题，但它应该排在第二而非首要位置。"为什么"更加重要，应当排在第一位。

ALDI 的成功与系统、流程的简单设计密不可分。"极度简单"之路总是明智的选择。公司必须尝试通过简化组织流程以应对复杂的世界。

ALDI 在这一点上做到了极致。很难想象一个经理或公司高管能够在没有年度预算的情况下开展工作，有时候甚至9月份，预算准备和预算谈判相关工作就已经开始。然而，ALDI 甚至将预算工作也取消了，采用更加简单的方式来控制运营成本。

在品类方面严格自我约束

毫无疑问，保障这种简单性最重要的方式之一是严格控制产品品类，ALDI 北方几十年来一直将其销售的限制在 600 个 SKU 的范围内。

ALDI 的简单性原则，通过有限品类得以实现，不仅是非凡智慧的成果，也出于卡尔·阿尔布莱希特的经验，1953 年被首次提出，多年来一直受到大力推广。在许多行业，人们已经意识到过多的产品及型号是重要的成本构成因素。正如德国大众汽车展关于汽车零部件范围的报道，汽车行业并非最后一个认真应对这一问题的行业。随着变量或产品数量的增加，成本和复杂性呈指数级增长。零售商的真实情况与图 2-2 复杂度曲线描绘是相一致的。

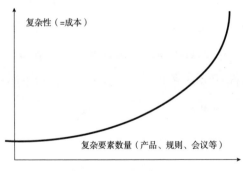

图 2-2　复杂度曲线

第2部分 企业文化

科布伦茨商业管理学院的商业经济学教授克里斯蒂安·洪堡对这种情况做出如下解释：经验表明，基础设施总体成本上升与品类数量变化成正比。预测不准确通常会导致过度的品类数量变化。换句话说，做出有利于增加新品类的决定时，管理者通常认为，新品类变化可以在现有基础设施架构内进行处理，即不增加业务开展的固定支出。

其结果就是成本会逐渐增长。尽管起初看不到，但后来管理者发现成本无缘无故地上升。事实上，众所周知每个新增品类都会影响现有的产品，但许多管理者没有动力冷静而现实地去应用这个认知。销售部门通常以"这将满足顾客需求"为理由来扩大经营范围。采购部门也意识到明显存在"必要性"，因为这样可以与为了增加新商品将会给出最新折扣或创意促销的供应商进行谈判。甚至广告行业也助长了扩大品类的风险——无论做什么，都不要让任何事情从你的手指缝中溜走，不要让大好机会与你擦肩而过，不要将事情搞砸，不要错过任何一笔交易。事实是，这些所谓的"必要性"纯属子虚乌有。摆脱这种困境并不需要令人更加困惑、新颖而复杂的"复杂性管理"。相反，它只需要简单而灵活的方法。

关于这一方法，新近进入折扣市场的零售商 Rewe 给出了令人信服的示范。这家折扣商开始大胆尝试商品品类管控,更加明确地推行简单折扣原则。

表 2-1 Rewe 产品范围以及洗衣机用洗涤剂销售额

(单位:欧元)

产品	销售额(欧元)	1996 年 11 月	1996 年 12 月	1997 年 3 月	1997 年 5 月	如果策略正确
奥妙洗涤剂	3 000	88 000	113 600	*4 000		120 000
奥妙洗涤剂	2 000			53 000	47 000	
奥妙洗涤剂	4 000				54 000	
奥妙洗涤剂	4 500			75 900		
奥妙洗涤剂	1 300	14 300	26 500	8 600	*9 000	30 000
奥妙洗涤剂	800			19 000	22 000	
奥妙洗涤剂	3 000	78 100	83 900	67 600	63 000	80 000
奥妙洗涤剂	3 000	*18 900				
Allmatik**	3 000	36 000	51 600	40 700	48 000	60 000
合计		235 300	275 600	268 800	243 000	290 000

注:*表示产品已下架;**表示商家自有品牌。

如果每天实行"集中"的原则(参见表 2-1 中最右列

第 2 部分　企业文化

"如果策略正确"的数据），将会推动公司更加明确地实行以顾客为导向的政策。与几家供应商重点开展合作，将使公司的采购实力极大增强——如果只在几家门店试新，而不是让整个公司承受不断重复的费用与负担，就可以避免混乱。

成本核算是错误根源

糟糕的成本核算，阻碍了基于简单明了决策基础的简单系统，往往是错误的重要来源。许多公司仍在使用过时的核算系统，而不采用诸如边际成本会计这样的现代化核算方式。然而 ALDI 不使用任何核算系统。

ALDI 卡车车队经理及其主管即配送中心经理，必须最大限度地提高生产率、降低车队运营成本。这意味着物流成本将被适当纳入门店费用。物流方面的成本变化会引起门店方面的问题。但这并不意味着车队费用应该被分摊给所有门店。当最终结果是提高中心成本时，任何形式的分摊都无济于事。所谓的科学方法可能只会让事情变得更糟。如果能够将车队成本和关键因素彻底抵销，就会令人满意。因此，绝不能将中央成本分摊给分散的科目。

在 1991 年 10 月出版的《经理人》杂志上，麦肯锡顾问迈克尔·罗维尔曾讨论过关于成本和复杂性的三个错觉。下面我们将他的观点与ALDI的做法进行比较。

错觉一：如果市场出现萧条、竞争成为常态，那么为了吸引小众顾客而扩大产品范围不失为营销良方。尽管市场萧条、竞争激烈，ALDI数十年来一直没有扩大产品范围，也未拉拢小众顾客。当然ALDI的产品范围也会以顾客兴趣为标准适当调整。

错觉二：企业是供应商的主要客户，我们的采购清单罗列了大量提前准备的产品和服务。我们将通过深入价值链拿走供应商的利润，并获得诸如顾客更大忠诚度、更优质量以及更高保密性等好处，从而大受裨益。ALDI实行简单原则——坚持维护供应链，绝不追求一体化。ALDI不开设工厂，它通过外部代理商进口商品。这其实是通过价值链分享利润。

错觉三：如果将大量企业甚至所有企业的功能汇集在一起，受益于规模经济和高度的职能专业化，企业就可以大展拳脚。ALDI公司采用权力下放的模式。只有现金集中管理、采购与财务合并管理是公司的核心职能。分权能够降低成本，而规模经济则无法做到。

罗维尔阐述了协同效应其实是足以致命的发展道路，会导致复杂性和成本增加。因此，在日常工作中不断改进非常重要。持续改善是最好的答案。

害怕犯错

分权是避免复杂性、创建简单系统的另一个关键办法，这正是 ALDI 真正擅长的。随着公司规模扩大、业绩增长，首先会产生复杂性。对此员工和管理者的通常反应是建立复杂的系统和架构。例如，更多的管理层、更多的会议，即使很小的决定都务必通过集中审批。这种思维方式是错误的。复杂系统和架构的功能不过是维护组织和公司的权威。首先，这意味着得让大批员工（通常是成千上万）能够理解所有的操作流程和相关领域。

根据建立简单原则的目标，权力下放和充分授权也意味着将员工的职责描述和工作目标最少。员工自主判断的效率往往高于根据大量规则做出的判断。

许多公司的复杂性源于管理层害怕犯错或无法向董事会证明措施的合理性。比起创始人全权负责经营的公司，这种担心在股份公司更加普遍。这也是其组建团队、聘请公司顾问以及开展大量市场研究的原因。所有这些努力都是希望预防并减少出错。因为恐惧，所以犹豫。而恐惧是官僚主义的摇篮。

如果将问题的明确性和目标性作为衡量活动和决定的尺度，就可以用一般指示代替详细的个别指示。普遍接受的准则和原则完全能够代替关于规则、条例、部门政策和工作流程的严谨措辞。这种企业文化有助于避免不必要的拖拉和代价昂贵的官僚作风。但这需要莫大的勇气。然而，如果对一项已确立的目标进行所谓负责任的充分论证——为什么要这样做？那么关于目标的问题就会自然而然地引出下一个问题——为解决方案或过程所提供或计划的一切，是否真的必不可少，是否真的不能适当减少？从而可能陷入漫无边际的泥潭。

> 去粗取精，去伪存真。
> ——中国谚语

ALDI 企业文化有何特色

ALDI 理念风行亚洲、欧美等全球各地，是推广折扣经营理念的榜样。但 ALDI 成功的最大特征是什么呢？不是凭借暴利带来的超高收益，也不是依靠某项神奇发明或专利带来的丰厚利润。唐·克利福德和理查德·卡瓦纳将

第2部分 企业文化

美国中型公司的成功归因于具备某些特质[①],而ALDI也是如此。他们的研究与美国管理学家汤姆·彼得斯和罗伯特·沃特曼的结论非常相似。根据他们的观点,成功的公司应当具备以下特点:

- 拥有强烈的使命感(明确的价值观和目标);
- 高度关注基本原则;
- 强烈反对任何官僚主义;
- 渴望创新,勇于试错;
- 坚决以顾客为导向。

管理学家罗尔夫·伯斯将"独特性"作为一个竞争因素进行了深入的研究。像宜家、ALDI、斯沃琪、苹果和谷歌这样的成功公司都很独特。他曾写道:"坚持既定销售策略,绝不陷入产品不断升级、品质不断提升的诱惑,ALDI曾经是、现在仍然是唯一的践行者。"在文章中,伯斯认为ALDI的独特性在于异常固执的坚守。伯斯认为,独特性极难被模仿,是因为它至少包含了"疯狂甚至是变态的举措"。在

---

① 参见唐·克利福德与理查德·卡瓦纳于1985年在纽约发表的《成功的特质》。

许多方面，ALDI是"独一无二"和"别具一格"的。其管理也自成一体，绝不效仿传统公司以及所谓的"最佳实践"。安德烈斯·阿古德洛这位来自哥伦比亚硬折扣公司KOBA的优秀区域经理也一直声称："我们与众不同。"的确如此，真正的硬折扣商从不直接遵循所谓的行业标准。

ALDI企业文化小结

- 纯朴、谦虚

谦虚首先要从管理层做起，必须抛弃个人虚荣心。务必节俭。禁止浪费。

- 一直以顾客为导向

想要赢得顾客信任，就意味着在维护顾客利益方面，不耍滑头、不占便宜。

- 对细节勇于奉献、充满热爱

每天进步一点点。享受小成功，终成大事业。

- 管理系统简单明了

实施简单原则，鼓足勇气寻求简单快捷的解决办法。

- 在实践中坚持不懈

抵制诱惑，坚持基本原则。

第 3 部分
组织与领导

良好的组织架构弥补了领导力的不足

"决定公司成败的不是外部环境的好坏,而是如何管理。"松下幸之助是世界上最成功的企业家(创建并经营日本松下公司)之一,他的这个观点一直伴随我们左右,并让我们体会到了个中真意。我们需要拥有完美构想,不过之后就涉及管理、领导、组织和文化等商业的各个方面了。

松下先生的观点明确了领导人应当承担的责任,至今仍然如此。在我们从事管理工作多年,以及在之后的咨询服务过程中,这个观点被反复证实。

公司的资源(硬件和软件)是公司成功的原材料。它们通过组织体系与其执行者的领导素质的结合和引领而发挥作用。因此,组织和领导素质会促进或阻碍业务运营,结果也会相应受到影响。即使资源稀少,在恰当的领导和组织下，也可以产生良好的结果。相反，巨大的资源也可能因领导和组织不力而被浪费，最终只能得到平庸的结果。良好的组织和领导才能改进公司的软件。

领导和组织决定成功

如果创始人和监事会成员知道有一种智慧（个性化组织）可以弥补自己的短板，应该会感到安慰。但创始人和监事会成员必须鼓足勇气，下定决心。

即使领导人选不太理想，即便是在过渡阶段，良好的组织仍可以在特定框架内按规则行事。领导错误是无法被预测的，随时都可能发生。但是，组织从一开始就可以设计完善，以便任何新的高管都能适应组织。如果出现优秀的高管，也可以让组织适应他们。

例如，某些管理者无疑可以承担更多的职责。这并不一定是提前计划好的。如果您管理一家小公司，或者一家大公司被分解成具有更大自主性的小型作业单位，则可以采用这类富有弹性的方法。在ALDI，这只能在有限的程度上实现，因为不同区域公司及其经理应该承担相同的责任。但是，无论如何，ALDI的潜在领导薄弱环节是通过

第3部分 组织与领导

基于授权和分权原则的强大组织来弥补的,见图3-1。

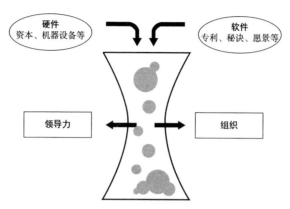

图 3-1 瓶颈:领导力和组织决定成功

只有最少的沟通

组织的设计应该简单易懂。具有扁平的层级和简单的流程,这将带来积极的成本结构和更少量的协调,只需要组织成员之间最少的必要沟通。

> 组织的目的是将不必要的沟通和协调减到最少。因此,组织能够彻底解决沟通方面的问题。
> ——弗雷德里克·布鲁克斯

弗雷德里克·布鲁克斯是 IBM 的项目经理,负责 1964 年推出的传奇 IBM/360 项目。10 000 多名员工花了数年时间推进这一超大型项目。数十年来，该项目一直被视为与字节架构发明类似的行业标准，标志着电子数据处理先驱时代的结束。该系统被称为工业史上最伟大的私营发展项目之一，长期主导着全球计算机市场。

布鲁克斯在《人月神话》中描述了他的经历，并传达了一系列基本见解，其中包括上述内容。根据他的理论，可以通过这种方式将公司或项目分解成可以独立运作的尽可能小的工作单位。这样能够避免不必要的步骤、成本和摩擦，并提高项目进展的速度。项目的速度与加速度问题在很大程度上也是一个组织最重要的问题。有多少员工和多少资本被投入项目通常不那么重要。在项目开展过程中，布鲁克斯还发现，不能简单地通过增加更多程序员来对项目进行提速。某些职责往往只能由有限的人员来承担，正如不能通过让两名妇女共同承担来缩短 9 个月怀孕期一样。

但在大多数公司，很少有人关注布鲁克斯的理论。大家普遍认为沟通非常重要。在大多数情况下，这当然是正确的，例如主管与其员工之间的沟通。此外，还应考虑部门间的沟通。但根据布鲁克斯的经验，一个应该优先考虑的目标是尽量减少公司各个层级之间的协调与沟通。

许多零售组织的特点是，拥有独立的采购和销售部门。采购经理通常决定品类，并要求严格遵守预算。但

第 3 部分 组织与领导

是,由于市场需求会对品类与价格等因素产生影响,它们必须建立由采购和销售人员组成的协调团队,每周举行一次营销讨论会议,进行密集的必要沟通和协调。

但问题其实另有解法。ALDI 的采购与销售也是各自独立的,一方面,由于销售易于管理的有限品类,ALDI 的运营情况是完全不同的。管理层仅根据销售的状况来决定品类和价格。另一方面,以尽可能低的价格从可靠的供应商处获得指定的商品,这是采购部门明确的职责。在此基础上,采购部门可以完全自行做出决定。ALDI 系统减少了沟通和协调。

因此,ALDI 不需要建立毫无意义的部门和团队,从而避免了大量的总体管理费用和协调要求。如今,许多公司都在不断拷问自己,某个团队对工作是否真有必要或者真有好处,是否能够以更低的成本实现公司目标,并且降低运营过程中因内部摩擦引起的成本。多层级经常会导致不良后果,特别是在中层管理中表现明显。大型规划部门与规划会议的必要性和好处究竟何在?也许这种组织架构和安排更适合于向主管和监督机构提供信息和材料,而不是满足顾客需求。

经过长达数十年的经营上的精力消耗,其他公司现在也意识到这点,并开创了"类别管理"这个基本正确的方式来处理这个问题。然而，这是一个复杂的人工模式，也存在其先天性不足。

制造业中，也能发现市场和销售之间的类似冲突。在此我认为应该强调，公司应该充分考虑将任务进行合并。泰勒主义提倡的劳动分工已经过时了，为何还要在市场和销售等密切相关的领域继续保留它呢？这样做只会把完整的问题碎片化，再把碎片分别扔给两个独立的部门，这样导致的工作结果不会令人满意。

拥有最佳组织的德国公司

2000年6月，著名商业杂志《经济周刊》[①]公布了一项调查成果，3 400个德国公司总裁、总经理和经理接受了"谁是德国最具创新性的公司"的调查，旨在了解德国高层管理人员的个人意见（见表3-1）。评估类别包括：产品与服务绩效、组织、市场知名度、领导力和企业文化，最后是各个公司的创新形象。创新的定义是：新的、有希望的、有活力的、促进增长的。

---

① 参见2000年6月1日出版的第23期《经济周刊》。

第3部分 组织与领导

表3-1 德国160家主要公司中排名前10位的公司

整体创新形象	公司	创新形象评估（1分表示最佳）	产品与服务绩效	组织	市场知名度	领导力和企业文化
1	戴姆勒-克莱斯勒	1.85	1	25	3	10
2	Hugo Boss	1.96	2	7	2	9
3	思爱普	1.98	3	5	8	1
4	贝塔斯曼	2.04	6	3	18	3
5	惠普	2.05	12	4	12	2
6	雀巢	2.06	7	8	6	7
7	德国奥托邮购	2.08	16	2	10	4
8	可口可乐	2.08	31	9	1	8
9	ALDI	2.09	5	1	16	36
10	德国海德堡	2.11	3	5	19	5

该排名显示，ALDI领先于汉莎航空、西门子、宝马、IBM、康柏、宝洁、大众、美国菲利普莫里斯烟草、壳牌石油、埃索石油、联合利华、德意志银行以及瑞士ABB集团等一众国际著名大型公司，整体排名第9。

ALDI区域公司的组织架构

ALDI的组织是扁平的、简单的、精益的。只设立职位描述中定义的具有明确职责和权限级别的职能部门。如图 3-2 所示。

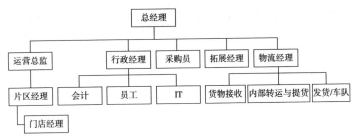

图 3-2　ALDI 公司的组织架构（有限公司的法律形式）

ALDI 每家区域公司拥有 1—2 名运营总监。每名运营总监管理 4—6 名片区经理，每名片区经理负责管理 7—10 家门店。ALDI 每家区域公司负责 40—80 家门店的运营。当区域公司达到一定规模，并且拥有两名运营总监时，将进行拆分。在拆分之前，原区域公司拥有多达 100 家门店的情况并不罕见，拆分之后，新区域公司门店数量将降至 25 家左右。

行政经理负责账务、人力资源和 IT 等工作。但是，ALDI 的人力资源部门没有直接管理员工的权力，只担负行政职责。行政经理的职责还包括与工会协调，以及就涉及劳动法的相关事项向公司提供法律咨询以及担任代理职能。运营总监通过片区经理监管所有

第 3 部分 组织与领导

门店,其对确保所辖门店平稳而低成本运作负有重要责任。

从仓库接收货物那一刻起到货物运抵门店,物流经理负责此部分供应链的管控,其中包括仓储处理和车队管理。

区域公司采购员主要负责保持合理库存以及向供应商订货,包括质量控制,并监管 ALDI 区域公司经营范围内允许销售的商品。多达 30 种商品可以由区域公司独自决定并自行采购。

拓展经理负责寻找门店新址、签署物业租赁合同,并监管与租赁合同相关的事项。

在 ALDI,中央采购公司即 ALDI 采购有限公司承担了至关重要的角色。它是 ALDI 的子公司,负责与供应商谈判,并决定与供应商签订所有商品的采购合同。这个由为数不多的采购员组成的团队承担了与商品采购相关的全部工作——分析采购市场、寻找供应商、质量评估、价格和条款商务谈判、合同签订。此外,在负责现金管理、经营统计和比对以及数据处理等少数集中性任务时,ALDI 采购有限公司将扮演公司总部的角色。

总经理会议：权威在逐步上升

基本组织、政策制定和理念层面等问题的主要决策机构是总经理会议，会议定期举行，参与人员包括 ALDI 各区域公司的总经理以及公司董事会成员。总经理会议是 ALDI 的协调议事机构。会议详细讨论并集体通过了商品品类以及价格政策。最终决定并不要求参会者全部同意，但通常经过激烈的讨论之后，每名经理都会全力支持。

许多公司采用的达成共识或少数服从多数原则，在 ALDI 闻所未闻。通过达成共识做出决策，在 ALDI 非常罕见，他们也不会通过多数票同意的方法做出决定。相应地，ALDI 很少出现妥协的情况。妥协总归是第二选择，所以讨论通常会持续到找到最佳解决方案为止，所有问题都会经过彻底讨论。众所周知，如果采用达成共识的方式做决策，我们可以设想最终会出现不合理的决策。很多时候，团体和政党都非常愿意通过妥协来解决问题，避免任何形式的重大冲突。但这种情况下，准备和分析工作会浪费掉大量宝贵时间。因此，激进的方法反而更加有效。

ALDI 各区域总经理会非常慎重地为经营的讨论做好

准备。他们通常与一线经理就即将举行的总经理会议提前进行长时间的讨论。讨论的主题通常由区域总经理提出，或者来自各地区分公司的提议。讨论由董事会全体成员参与。近年来，董事会越来越倾向于在意见分歧时缩小讨论规模。在 ALDI，进行广泛而深入的讨论直到达成最大共识的做法已经过时了。权威决策的势头正在逐步增长。在这些讨论结束前，不会真正恢复原先经过证明行的之有效的区域业务中被充分授权的部分以及员工自主权制度。

ALDI 认为，公司最高管理层不应该给民主原则和多数决策以容身之处。公司的经营目标必须是取得最佳结果，其中关键因素是如何开展讨论。最后，每个参与者都必须清楚这一事实：既然真正的真相并不存在，就应该试试同意其他人的建议。

良好的领导和组织的构成基础

良好的领导和组织的构成基础可以被非常简单地描述为：

> - 明确的目标；
> - 简单明了的经营原则；
> - 一直以顾客为导向；
> - 在经营原则运用及实现方面，毫不妥协；
> - 针对所有细节开展工作。

以这些原则为指导的优秀组织，能够阻止一切为了利益而不顾危机的狂热行为。在明确的职责下，员工如同机车的重要齿轮般开展工作。这样就没有任何由高层领导者单凭直觉随意改变公司发展方向的可能。

制定明确的目标以避免冲突

许多公司的目标、方法和措施都模糊不清，甚至是保密的。围绕事实和个人观点，不断上演各种破坏性的争执和对峙。这些分歧往往会牵涉到执行层，并形成各种利益小团体。

明确的目标和规则创造了一种氛围，在这种氛围下，任何员工都可以公开畅所欲言。

ALDI 明确的经营理念，在其分散的组织架构支持下，

第3部分 组织与领导

有助于从根本上减少潜在冲突。当然,不排除个人特质影响合作气氛和精神的可能性。由于总经理和管理团队不同,ALDI 区域公司之间也存在明显差异。但总体而言,其影响相当有限。

ALDI 设定的目标非常简单,它唯一关心的是最低的成本,即在所有领域实现最佳绩效和生产率、尽可能低的售价和最优质量。每个收银员以及仓管员都明白这一点。这些长期目标,适用于所有部门员工。没有必要区分短期、中期和长期目标,也没有必要对高管和门店基层员工设立不同层级目标。所有级别的员工,无论在什么岗位,在任何地方都可以用相同的目标来指导自己——ALDI 的战略、规划和目标都不是秘密,它们在整个公司内部众所周知。ALDI 希望每名员工都清楚,任何一分钱都不能浪费。如果每名员工都为实现这一目标而成功地在自己有限的责任范围内做出贡献,那么他们应该深感自豪。这需要每天仔细工作、认真反思、不断地改进并且分享经验,从而总体达到最优,或者至少实现最低成本。

各部门的岗位描述都体现了公司不成文的经营目标。

总经理：

• 通过发展强大的门店网络，持续地实现尽可能高的营业额，巩固公司的市场地位。

• 在不危及公司未来发展的前提下，务必确保最高利润，并且需要运用最经济的办法加强公司的市场地位。

运营总监：

• 在所属销售区域内，确保长期实现尽可能高的营业额。

• 上述目标要求他们确保门店经过精心设计，经营流程顺利运作，将成本控制在最低，以最好的业绩和准确的账目，保持并提高公司现有的竞争力。

• 聘用符合职位要求的门店经理，并确保片区经理根据职责描述履行职责。

片区经理：

• 必须亲手创造有利于整洁、有序、流程顺畅和库存准确的门店运营条件，同时实现较高的人员生产率。

• 确保管理层发出的各项指令在各门店统一执行。

门店经理：

• 负责不断维护门店使之处于整洁、有序的运营环境。

• 确保合适的货物供应（避免库存过剩或商品

第3部分 组织与领导

短缺)。

· 确保所有顾客都得到友好而礼貌的接待。并且用这种方式确保今天的回头客以后仍然是回头客,并不断吸引新顾客。

· 务必采取一切必要措施,确保账目准确,实行经过深思熟虑的人员计划并向员工发出适当的指示,尽可能获得最佳销售结果。

中央仓库主管:

· 务必确保其中央仓库遵守安全法规、以最低成本平稳运行、实现最佳绩效以及最低库存损耗。

· 确保中央仓库和周围场地整洁、有序。

行政经理:

· 务必为所有业务管理部门的机构和人员创造条件,在经营和法律规定框架内促进任务顺利完成,同时严格遵守节俭原则,并且确保管理层需要的文件及数据,能够在要求的时间前提供。

与所有经理相关:

· 在完成职责的过程中,管理者务必充分调动员工的主动性和灵活性,要遵循的领导原则可以从《常规领导指南》中推断出来。

大道至简

从不发表使命宣言

艾琳·C.夏皮罗在《管理浪潮下的迷思》一书中,详细探讨了"使命宣言"这一主题,描述了美国著名的纽柯钢铁公司(Nucor Corporation)。作为一个成功的案例,纽柯成为人们广泛讨论和深入研究的对象。与ALDI一样,这家公司没有书面形式的奋斗目标。夏皮罗发现,大多数公司的使命宣言都是无稽之谈。其中充满了动听的语气、华丽的辞藻,大多数员工都懒得阅读,与公司实际运作流程毫不相关。拥有伟大愿景和价值观的公司不需要通过任何使命宣言来表现自己的雄心壮志。

这也完全适用于ALDI。ALDI从不发布这样的宣言,并且也从不需要。优质低价的目标简单、易懂、合理。谁还能够说或写得更清楚一些吗?只有简单、可行、易懂的目标才能被员工理解并接受。

尽管如此,仍有越来越多的公司产生制定使命宣言的构想。如果使命宣言对公司战略有所帮助,当然没问题。宣言可以做到这样才有意义:阐明公司使命对于所有员工的意义和性质,标注可以施展的余地,真正给出切实可行的努力方向。目标必须具备可操作性,以便可用作"操作指南",让每个员工能够真正落到实处。

如果一家公司致力于让目标变得简单明了、切实可行,并以通俗易懂的方式讲解给每个员工,那就没有后顾之忧了,没有人会担心其如何落地。下列一些使命宣言的例子将表明这一点。

德国一家大型零售商的使命宣言是:"我们希望让人们以合理的价格、快捷的方式购买到优质产品。"这对员工意味着什么呢?它们是否包含能够应对问题的业务指南和明确指令呢?

另一家公司提出了自己的使命宣言:"物有所值、顶级品牌齐全,拥有训练有素、积极进取的员工,展示我们的经营理念。我们为顾客提供能够满足他们全家日常需求的所有商品。"这能否让所有员工都清楚他们应该做什么?或者只是因为现代企业都要有使命宣言而去精心制定而已?

试想 ALDI 的使命宣言会是什么样子呢?也许是:"我们销售 600 种商品,满足顾客日常食品基本需求。确保各个层面成本最低是我们运营的先决条件。"这就明确 ALDI 员工的日常工作的要求。因此他们可以执行工作,他们可以由此做出判断。这种宣言具有可操作性,是日常工作的基础。明确的目标使企业领导变得更可靠、更轻松。即使对于具体项目,从一开始就设立切实而明确的目标也是明智之举。这将使项目的运作更可靠、更便捷。许多项目都由于缺乏明确的目标而最终失败。构思拙劣的项目在设立之初就问题重重,就像腐败组织一般都会从顶部开始烂起。

比起德国特格曼,ALDI 与丰田更为相似

罗伯特·唐森在其著作《在机构中不断上升》(*Further up the Organization*)中声称管理学起源于日本,尽管大家对此并未达成共识,不过对日本管理之道的讨论,在业界已经持续多年。IBM 在 1960 年之前就提出了质量控制圈的概念,但痴迷于细节的日本人,在大量学习并应用知识方面很显然比初创者做得更好。

德国中等规模公司的企业家非常熟悉相关的企业文化和管理工具,其实 ALDI 和日本企业很相似。与外聘的职业经理人相比,创始人对公共关系的兴趣要小得多,这可能导致这种文化和管理方法不为人知。在德国汉堡经营纸品的大型家族公司的赫伯特·伯恩哈特,就是一个典型的例子。他这样表达自己的看法:"我是公司最高级别的员

第3部分 组织与领导

工。我的衡量标准是：这符合公司的利益吗？"许多人都持类似的作风。克劳斯·奥斯滕多夫，是位于德国加雷尔市的大型烘焙公司温德恩的前管理合伙人，该公司每天为德国所有零售商提供新鲜烘焙食品。他和公司高管都认为，"向细节要效率"是走向成功的重要途径。作为一家市值数十亿欧元的大型公司负责人，他每周会有四天外出拜访客户。第五天才回办公室处理相关事务。在将公司出售给竞争对手之前，这家公司已从一家小型面包作坊默默成长为德国最重要的烘焙公司之一。

如果将日本管理之道与ALDI进行比较，会发现ALDI实际上是一家"日本"公司，或者说是德国"最日式"的公司。最初，日本公司大量复制别国经验做法。没有对细节的热爱，就无法实现成功，而对于日本公司来说，专注细节一直是其基本原则之一。但后来他们找到了自己的路，可以用改善、及时、看板和精益管理等术语来描述。德国零售商大多采用不同的管理方式，所以事实上，它们和ALDI几乎没有共同之处。这就是为什么，相比德国竞争对手特格曼和雷威，ALDI与日本丰田有更多的共同点。

大道至简

持续改善

　　特别值得一提的是，改善是 ALDI 推崇的典型管理方法。改善意味着公司所有部门和员工的持续改进，特别是对生产流程与物流流程的改进。这个方法对许多公司来说都很难实现。ALDI 可以找到简单的解决方案即每名员工都负责履行特定职责。这意味着大量高管以及中层管理人员被赋予额外的职责，在其他公司，这些职责一般由中央管理部门承担。

　　例如，ALDI 的物流经理除了管理他的中央仓库外，还负责管理整个公司的托盘搬运车。他致力于全面了解市场，与优秀制造商进行讨论，并发起各个环节的持续改进。他向总经理会议汇报发现的问题以及解决方案，并在获得同意后，就最新托盘搬运车的合同条款进行谈判。刚开始他们的叉车一次性叉两个托盘，后来可以叉三个。这在当时可谓巨大的创新，尽管现在随处可见。想必 ALDI 可以为此注册一系列专利。

　　这样的例子在 ALDI 不胜枚举，例如运营总监负责编写自身岗位要求，从而确定岗位职责，如决定引入合适的技术设备、选择冷冻货架尺寸等相关事宜。

第 3 部分　组织与领导

不断试错

在改善过程中，一个非常有效的方法就是"试错"。这个词有特殊的意义，因为通过试错，新想法和新方法可以马上或者至少更快地实施。经过一些基本协商之后，不需要花费大量时间分析和完善，就可以把它应用到实践中进行测试。初始测试结果出来后对其进行调整或修改，根据情况可以取消测试或扩大测试范围。

这种方法让人们有勇气尝试一些新东西，尽管冒着犯错的风险。即使最终失败，也能提供很多有趣的见解。ALDI 很少有关于对错的决定。使用"试错"的方法，ALDI 不仅成功地避免了重大灾难和错误的发生，而且一步一步向前发展，诞生了一些革命性的思想。广为流行的分析和决策程序通常会导致大量的分析，需要许多得到重用的高薪员工花费大量时间。如果出现任何疑问，与顾客有关的会议就会被取消，员工的讨论将被推迟。许多分析最终将被扔进垃圾桶，或者因为属于高度机密，而在某位高管的抽屉里逐渐变黄。

> 持续改进远远优于迟到的完善。
> ——马克·吐温

试错的方法听起来其实并不新鲜。艾琳·C.夏皮罗在书中引用了马克·吐温的绝妙观点：

对于所有技术或组织方面的新想法、新发展，以及新单品引入、产品数量或包装尺寸变化等，ALDI 就是运用上述这些基本原则来开展工作的。

"三店测试"

"三店测试"在 ALDI 是一个口头禅。它被用于在引进新产品或者改变包装等过程中用于测试成功的可能性。这种测试能够相当准确地告诉你几乎所有想知道的，而且成本极低。这种测试应用起来非常复杂，首先要选择目前广受欢迎、吸引力很大的非食品类促销商品，监测其营业额，不仅要找出某个单品的市场潜力，而且要确定市场所需数量。

担任麦德龙 CEO 多年的欧文·康拉迪曾发表过精彩的评论，说 ALDI 在物流上有着谦逊务实的思维。这并不奇怪，因为这两家公司曾经的做法非常相似。同时，麦德龙骄人的业绩，也与 ALDI 可以比肩。他说：

第 3 部分　组织与领导

> "如果你觉得这些原则太周全、太琐碎、太简单，我想指出，我见过很多项目，比起'宏伟设计'更多是由于所谓的'基本原则'而失败的。"

努力工作、满怀激情

"改善"一词的创始人，日本著名质量管理大师今井正明，提出了改善对于公司管理者的要求。对于要求很高的持续改进活动，"管理者需要付出无法想象的最大限度的努力"。ALDI 的管理者就是这种努力的完美例子。

员工的热情和决心是业绩和创造力的基础。在 ALDI，职位描述中要求"极低的成本"，避免浪费是其首要原则。ALDI 每名管理者都对金钱和时间了如指掌并且倍加珍惜，而这些在其他公司常常被抛之脑后——冗长的流程、重复的工作、无用的库存、复杂的架构、长久的讨论，最终留下一片混乱，一地鸡毛。

1990 年出版的《汽车工业第二次革命》，是精益生产管理领域的大作。作者之一的丹尼尔·琼斯认为，高薪并非德国公司面临的主要问题。症结在于德国公司的组织架构，他通过研究发表如下声明：

大道至简

"应该从糟糕的组织架构和大量浪费中寻求问题的真正答案。"

通过保持简单的组织架构、严格避免浪费,并想尽一切办法挖潜现有资源,ALDI 在这方面已经非常领先,并由此赢得了核心竞争优势。

四十年前,丰田开始了今天所谓的精益生产管理。为什么美国人花了这么长的时间才弄明白丰田成功的秘密?加里·哈梅尔和普拉哈拉德在他们合著的《竞争大未来》一书中,给出了简单的解释:"日本人做事的原则与美国人的前提和信念是截然不同的。"如果问为什么 ALDI 的竞争对手至今仍然没有解密 ALDI 的成功,我们可以说同样的话:ALDI 的所作所为,与德国其他零售商的前提和信念大相径庭。ALDI 做每件事都不同于他人。丰田的情况也差不多。丰田几乎做每件事都与竞争对手很不相同,因此它获得了巨大的成功。

德国零售商,甚至世界各地的零售商,面对硬折扣店竞争时,过去甚至现在也不相信,硬折扣店在如此有限的经营范围内能够实现高额营收。此外,巨大的文化差异也会影响人们吸收先进的管理经验。然而日本人的管理方法其实在西方商业中也能践行——正如 ALDI 表现出来的那样。

第 3 部分　组织与领导

ALDI 的补货系统：卖掉了，才补货

一方面，许多公司依靠庞大的数据管理支出，保持复杂的库存管控以及补货系统。而另一方面，ALDI 仅仅根据看板原则，即日本库存管理方法维持运营。简单地说："卖掉了，才补货。"货架上任何一种商品的库存都能够供给一周的销售。当某种商品的补货日期来临时，门店经理会订购已经卖掉的数量，从而补充货架。尽管现在 ALDI 门店借助掌上电脑完成这项工作，但基本方法一点都没改变。书店同样应用了"卖掉了，才补货"的方法，用简单但实质高度智能化的系统执行。每本书都内置一张库存卡，图书售出时由收银员回收该卡，并用作补货。

分权与授权

ALDI 的组织原则非常给整个企业文化留下了深刻的烙印，是公司成功的精髓。其核心组织原则包括分权与授权。

ALDI 集团首次重要分权具有决定性的意义。20 世纪

60年代初，集团被卡尔·阿尔布莱希特（总部设在米尔海姆）和弟弟西奥·阿尔布莱希特（总部位于德国北部城市埃索）各分得一部分。这是一个使公司得以生存并成功发展的决定。无论如何，兄弟之间可能给公司造成损害的纠纷被成功避免了。卡尔·阿尔布莱希特所属的ALDI南方，他的儿子和女儿一个都没留在公司，因此绝对不可能发生与家庭有关的冲突。而在西奥·阿尔布莱希特所属的ALDI北方，他的两个儿子作为执行委员会成员，都担任了要职。最近，家庭成员之间发生了冲突，各方势力都试图提升在家族信托公司的影响力。然而，家族信托公司的设计仍然能够保护自身免受收购，并防止真被拆得四分五裂。

公司拆分让兄弟俩成功避免了涉及基本战略的纠纷。ALDI南方长期维持450个SKU，而ALDI北方扩大到了600个SKU；后来ALDI北方增加了冷藏和冷冻食品，而南方则搁置了这个想法；ALDI北方门店地板采用黄色，ALDI南方则为灰色；ALDI北方比较保守，ALDI南方相对激进。这些决定也受到了兄弟俩各自的直接下属即执行委员会成员的影响。不过兄弟俩之间的讨价还价或者一致决策的日子已经一去不复返了。

分权使双方能够对方法、经验以及结果进行比较，并且根据这些比较，可以自由地做出支持或反对的决定。两家 ALDI 公司一直分享经验，拆分极大地增加了他们的经验。至于谁对、谁错，谁进步、谁落后，谁胆小、谁勇敢，这些问题并不重要，所有决策最终都有机会得到调整或改善。许多公司长期将精力浪费在内部关于所谓正确方向的争议上，但几乎无法提供证明选择正确与否的依据，因为一家公司不能同时朝两个甚至多个方向前进以验证多种选择。这个问题的另一方面也不应被低估：一家公司的战略决策并不能仅仅依靠事实和逻辑，实践表明，其他方面也能起到相当大的作用：直觉和经验。

自主性减少复杂性

很显然，ALDI 在不知不觉中，建立了分权履行组织的基本职责之一——尽可能减少沟通与合作方面的需求。组织架构越好，经营业绩就越好。简单就只需很少的管理成本，至少就数量而言是这样。

在商业、技术和社会领域，高度发达的架构，意味着复杂的因果关系。它们都很复杂，因而必须组建复杂交互的结构，这通常需要借助多层级结构。这种结构削减了独立作业单位的数量，阻碍独立操作，并禁止在可替代解决方案之间进行任何可能的竞争。从而需要引进并遵守行政规定，并且维护、更新规定以适应不断变化的外部环境，从而占用大量资源——不断新增部门、员工、团队和专家。这样的组织架构一旦建立，官僚化的恶性循环就很难被打破。

　　因此，如果设计出简单的组织架构，它将会更智能、更高效。解决办法之一是对领导力有明智理解，但更主要的是通过放权建立小型的独立作业单位。同时可以防止由不称职或平庸的上级带来的领导问题。在公司中，所用非人的情况是很难被完全避免的，ALDI同样存在经理和高管不称职的问题。当作业单位规模较小且分散时，其破坏力就要小得多，而且比起那些大型的集中式组织，受影响的员工要少得多。一个独裁的、强大的统治者可以造成的损害是巨大的。

　　即使像ALDI这样的公司，也不能仅仅依靠信息系统和行为准则运作，员工仍然扮演着重要角色，一切都依靠人，公司经营没有其他捷径。这句话仍然有效：领导不力的问题在很大程度上可以通过良好的组织架构来弥补。

ABB与ALDI：分权与成功的典范

　　只有极少数公司可以做到完全去中心化，下放职责、

第 3 部分 组织与领导

责任和权力，同时形成简单可行的组织架构。据专家介绍，由瑞典阿西亚（Asea）与瑞士布朗·博韦里（Brown Bovery）合并而成的 ABB 公司，数十年来，依靠分权的经营理念，成就了惊人的成绩。20 万名员工在 1 000 家按照利润中心分类的独立公司工作。ABB 实现了 20% 的资本回报率以及税后 10% 的利润增长。与 ABB 这样的大型公司相比，尽管 ALDI 总体营收相对较低，但在资本回报率方面，它轻松超过了 ABB 集团。

只有彻底分权的公司和组织才能在我们这个复杂的世界得以生存。如同 ABB 和 ALDI，小而不是大，大中藏小，做蚂蚁而不是做大象。小型作业单元更加灵活，适应性也更强。偶尔犯几个小错误的小型作业单元，比强势高管犯"大错误"的大型公司更容易生存。并且，小型作业单元由其高管产生好创意，并独立自主地去实践，而不是服从一个人或囿于一个组织，这样它的机会更多。现代管理学之父彼得·德鲁克在他的《企业的概念》一书中探讨了将放权作为组织原则的根本价值。德鲁克不仅将放权描述为一种管理技术，而且认为这是社会组织的计划蓝图。如果你将公司这种架构看作根据宪法将德意志联邦共和国或者美利坚合众国分割成多个州，这个概念就变得清晰了。这些都是我们很容易想到的、更清楚、更分散的社会基本组织形式。我们相信 ALDI 可以为大家树立榜样。是采用中央集权还是权力下放的模式，起决定性影响的是如何能够更好地管控组织的规模和复杂性。

在 ALDI，放权和授权要结合明确的目标、规则和合理的控制能力。这在 ALDI 一直进行的区域拆分方面表现得尤为明显。一旦某个地区的门店达到一定数量（60—80家），出于实际运营需要，从仓库到门店的距离就应该缩短（比如最大服务半径在 50 千米以内），或者仓库面积已经达到 25 000 平方米，就会拆分出新公司。新实体本身就是一个完整意义的公司——拥有自己的财务和核算、独立的资产和负债以及母公司"有机体"的所有职能，如销售组织、物流、拓展和采购等。另外，对解决日常细节问题替代方案的竞争日益激烈，常常导致各单位的绝对成本出现下降。

给小型作业单元放权的基本优势可以概括如下：

- 减少复杂性。
- 减少沟通方面的需求。
- 更好地了解市场。
- 新人可以独立发展。

第3部分 组织与领导

- 小型作业单元易于管理。发生冲突的可能性很小。
- 员工彼此认识。绝非匿名组织的成员。
- 在小型作业单元社区发展感觉更好。
- 细节越发重要。
- 产生各种不同想法。
- 从各种方面来说,工作量越小,人们越容易专注。
- 意外状况能够更快得到处理。
- 较小的作业单元更加容易发现问题。
- 公司内部各家企业相互竞争,与工会的合作变得更好。工会官员和公众舆论制造者经常认为:ALDI大力分权和实行"区域拆分"政策的动机是避免强制信息披露制度以及规避德国关于建立总公司层面工会的要求,然而这些只是给ALDI带来了人人乐见的额外好处,绝非其初衷。

因此,《经理人》杂志第84期的刊文,并没有抓到问题核心:

> 当现有的区域运营中心,因为业绩不断增长而面临

> 强制信息披露的压力时，成立新的 ALDI 公司终于被提上议事日程。西奥·阿尔布莱希特将 ALDI 分成两家公司——ALDI 北方和 ALDI 南方。也许这只是出于商业或物流方面的考虑，也许并不理性，但这样确实有助于阻止外界了解营收和利润等整体信息。

事实上，当时位于柏林北面的中央仓库迫切需要扩建。由于缺乏资金，这一计划一直处于搁浅状态，因此将公司拆分并在柏林建立第二家 ALDI 区域公司就成了唯一选择。这当然令人兴奋！公司拆分后立刻出现的就是物流优势，尤其是在严重拥堵的大城市，有时候你不得不从城市北部或南部开车去市中心。但局外人很难评估区域拆分带来的组织优势。两家 ALDI 公司之间爆发了一场争夺最佳成果和绩效的竞争。这种竞争既非强制，也不是巧妙设计而产生的，仅仅是源自员工对更好业绩的期望。大家对 ALDI 在柏林的表现期待不高，因为确实像柏林这样的大城市，很多运营条件都比不上德国西部其他地区。但人们最终发现，他们还是低估了 ALDI 分家带来的改善能力。

如今许多公司出现了更倾向于分权和授权的整体趋势，理想的状况是，以合法形式存续，具体分离并且独立经营的公司，管理层对其业务运营负有全部责任。但这是建立在公司有共同战略框架、规则和内涵一致的企业文化的基础之上的。现在不少大型公司再次采用中型公司的组织架构，集权管理模式逐渐被抛弃。原则上，ALDI 一直都是中型公司，区域公司年营业额平均为 5 亿—6 亿美元。

授权与管控

企业高管和经理一再反对广泛的授权和分权，声称从一个地方推出的集中解决方案能够简化管控，甚至认为这是管控的前提。批评者还认为，分权将导致双重工作以及双重成本。两个实际分离的作业单元，履行两种完全相同的职能，这种模式会被许多人毫不犹豫地拒绝。此外，集中到一起还可以更好地管理员工。像 ALDI 那样实施如此广泛的分权（甚至包括账簿和会计方面），在许多公司都是难以想象的。但在 ALDI，反对放权的看法是没有容身之地的。比如，积累起来的大量交易和数据如果集中在一个地方，将更难被处理、分析和管控。想象一下：集中到一处共有 1 000 万笔交易数据，如果分散到 10 个地方则分别只有 100 万笔。

经验表明，分权所涉及的错误和问题领域更容易被发现。关于 ALDI 运营有 30 个独立的结果，不需要集中到巨大的、不透明的地方进行分析。

  一家公司有效切换到全新的组织架构需要花费大量时间。德国《法兰克福汇报》曾这样报道 Rewe 集团[①]：

> 与独立门店相比，利润压力对 Rewe 直营店的影响更大：相比直营店业务亏损达 10%—15%，独立店盈利稳定甚至出现增长。这些独立店很明显能够更快速、更灵活地根据市场需求做出反应，现在 Rewe 将更大的权限下放给直营店经理……

  尽管 Rewe 管理层对行业发展趋势非常了解，但落地实施仍然是艰巨的任务。一位知名零售经理曾说，"门店经理无权那样做"，意思是，他们不能从零售连锁商的采购中心订单列表中自由选择商品。有相当比例的人认同这种看法，实际上就是不允许任何形式的授权。这些无知的人并不明白，授权与动力、业绩和成功密切相关。实际上，对员工动力的陈旧想法和错误理解层出不穷。许多管理者甚至认为"他们必须激励员工"。他们通过表扬和复

---

① 参见 1995 年 3 月 2 日版《法兰克福汇报》。

杂的激励制度来领导员工。美国著名心理学家弗雷德里克·赫茨伯格数十年前就摒弃了这种观点。不久前，德国管理大师赖因哈德·斯普伦格在他的畅销书《激发潜能的神话》中，指出了这种观念的致命后果，引起了德国经理人的注意。

授权意味着权力分享

ALDI 的管理者已经将部分职能与权力授予给员工。这样就可以避免将权力集中在少数人手中，让更多员工能够真正参与决策，即在公司的发展中有所担当。在一个以成功为导向的公司里，没有员工积极参与，管理者根本无法独自应对全部事务。作为绩效评估的一部分，ALDI 很容易发现管理者是否能发掘他们的潜能，并且履行合作的义务。

职位工作描述是权力交接的工具。基本上，对过度监管和极其繁复的职位描述有质疑是正常的。就像 ALDI 所展示的那样，一切从简是能够实现的。然而，原则上通过职位或工作描述来明确规范核心职责和决策权限是正确的。这为授权的落地实施创造了条件。诸如此类的规范不应太过烦琐。相反，应当以目标为导向，使措辞更加宽泛。

ALDI通过不断建立新的区域公司来实现分权，从而达到分享权力的效果（所有公司都得到平等的支持）。该系统对在经营中杜绝冲突卓有成效。在ALDI，不存在发号施令的权威，所有员工充分利用组织授予的权力，做出自己的贡献。系统几乎能够在没有任何摩擦的情况下运行。在ALDI，你不会发现其他公司中经常出现的超越权限的争吵（权力斗争）。所有事情都清清楚楚、合情合理，员工都由直接上司负责管理。这样的管控方式，还能确保每名管理者允许员工根据职位描述自行做出决定、采取行动。

像连锁超市这样本质上分散化的公司，能够通过给予与顾客直接接触的一线员工更大权限，维持并提升其竞争力。然而，许多企业根本就没有这样的勇气。由于其他公司与顾客直接接触的一线员工所履行的职责种类繁多、范围广泛，因此与ALDI相比，这些公司的销售流程更加严格，组织架构设计更具决定性意义。

哈茨堡模型

在形式和组织方面，ALDI的分权方式与"哈茨堡模型"非常类似。这种职责、权力和责任的下放制度，给ALDI留下了非常持久的烙印，值得在此进行详细讨论。其中有些方式可能会给人一种夸张的秩序以及官僚主义的印象，但对ALDI来说非常合适，正是通过深思熟虑和长期实践，才产生了ALDI这样的精益组织。

位于巴德哈茨堡的商业领袖学院，由创始人赖因哈德·霍恩教授领导，是一家多年来在德国从事高管培训和专门教育的领先机构。这家卓有声望的学院，开发了一个被称作"哈茨堡模型"的综合领导模型。

模型的核心是广泛授权原则。这意味着有三个因素需要被同时平等地下放：

- 职责；
- 履行职责所需的权力；
- 对执行和结果负责。

那么哪些事情需要授权，为什么要授权以及被授权人需要承担哪些职责？

- 别人可以完成得更好；
- 别人完成的成本可以更低；

- 可能使员工的工作变得更加有趣；
- 增加员工的责任心；
- 对员工来说既是挑战，也是扩展资历的机会；
- 使管理者解脱出来，从而专注于他们的核心任务；
- 避免他们陷入不必要的紧迫情况。

此外，还需要应用以下原则：

- 该任务只被授权给负责执行该任务的员工；
- 领导层将自身职责范围限定于制定整体性指导方针和经营目标方面；
- 避免单独发布指示或命令；
- 用随机抽样和结果评估的方式对绩效进行管控；
- 不允许逆向授权。

负责任的领导和负责任的行动

授权模式一旦实行，也很容易出现错误。只有所有条件都齐备了，该模式才能发挥作用。"负责任的领导"涉

第3部分 组织与领导

及对员工的监督,"负责任的行动"涉及直接职责,两者应被严格地区分开来。职责和权限一起被设定,构成职位描述中总体目标的组成部分。ALDI运营总监负责监督5—6名片区经理,而片区经理则监督6—8名门店经理,以下关于运营总监职位描述的摘录体现了以上原则。

运营总监的职位描述:

> Ⅰ.职位名称
>
> 运营总监
>
> Ⅱ.从属关系
>
> 向总经理报告工作
>
> Ⅲ.监督
>
> 负责监督片区经理
>
> 同时也是门店经理的纪律主管
>
> Ⅳ.岗位目标
>
> 任职者必须通过自己的行动,确保在本销售区域,尽可能长期实现高额营收。他们必须确保门店以最低的成本、最佳的绩效以及准确的账簿,做到管理有序、运营顺畅,以维持并提高现有的竞争力。
>
> 作为工作的一部分,任职者应当指派能够达到职位要求的门店经理,并确保其管理的片区经理按照职位描

述履行职责。为了履行自己的职责，他们必须引导员工充分发挥主动性和能动性。适用的领导原则基于总体管理指南。

V．岗位职责

任职者必须亲自履行以下职业责任：

1. 做出有关门店经理和门店见习经理的招聘、解雇决策。

2. 核准门店经理的工资和福利。

3. 培训期间指导片区经理。

4. 为每位片区经理撰写年度绩效评估，并与每个人单独讨论。

5. 决定片区经理负责的区域。

6. 批准片区经理的休假、替换以及停职等事宜。

7. 决定门店的布局和商品的陈列。

8. 决定对哪些门店进行翻修。

9. 批准金额在 5 000 欧元以内的设备维修和采购。

10. 就片区经理薪酬向总经理提供建议。

11. 就门店的建设和规划提供建议。

12. 提供新增品类或删减品类的建议。

13. 就各门店的传单广告和特别折扣的范围和计划向总经理提供建议。

第3部分 组织与领导

> 14.就门店营业时间向总经理提供建议。

当然,对于诸如确定薪酬等决定,公司也有总体规定。管理人员在授权框架内的职责,是确保员工能够履行职位描述中规定的职责,并且履行自己作为主管的领导职责。

许多公司的管理者在履行领导职责方面存在困难,主要是因为与员工的交流实在太少。领导力包括:

> - 与员工一起设立目标;
> - 培训员工,并用员工能够适应的方式促进其进步;
> - 督促员工审查其能否履行职务和责任以及履行的结果如何。

作为相关主管进行年度绩效评估的一部分,员工监督工作需要以书面形式进行。将绩效等级从1—10进行排名。评估因子为:

> - 与工作有关的专业知识;
> - 响应能力;
> - 委派的工作以及单独任务完成情况;

- 责任心；
- 前瞻性思维和行动；
- 对事物的表达能力；
- 深入处理职责范围内的工作（改进、建议、非凡的成就）；
- 作为主管的工作；
- 全面履行委派的工作。

监督并控制结果

控制有助于实现目标、保障运营，其最重要的是在主管与员工之间建立重要的联系。控制有监督和控制结果两种方式。监督涉及按一定时间间隔开展的对在规定范围内的工作进行的随机抽样。这是 ALDI 的一项明确原则，以便所有主管在随机抽取的任意三个任务或主题范围内，审查每名员工表现如何。需要对审查要点进行仔细选择，而且应在月初就完成。这样可以防止主管直到开始审查时才公布指定检查的事项，从而专门挑刺，然后将他们发现的错误作为审查要点；还可以防止他们从一开始脑子里就满是"挑刺"的想法。

第3部分 组织与领导

实行年度营收控制,即与上一年相比、与其他部门或 ALDI 其他公司相比,从而控制重要数据的增长。

得益于月度监管,在年度营收控制周期内,企业出现风险的可能性极小。霍恩还强调了与年度营收控制相比,月度监管的重要性,他说:"年度营收控制周期太长,如果不做好月度监管,到头来可能只有破产清算的份了。"我们相信,如果所有公司都采用监管控制,仅仅由于一名驻新加坡的期货经理不负责任的投机行为就导致伦敦巴林银行破产,这种灾难的发生概率将大为降低。

要坚决杜绝试图控制过程的想法,最重要的是杜绝那种并非基于信任员工能力的控制行为。没有这种充分的信任,很难进行成功的控制。信任也是减少复杂性的绝对先决条件。社会学家尼克拉斯·卢曼在《信任:一个社会复杂性的简化机制》一书中概括了这个观点。在缺乏信任的情况下,控制措施将变得荒谬可笑。主管经过深思熟虑,依靠坚定的信念,选择员工担任指定的职位,赋予他们所需的权力,并且要求他们承担全部责任。毫无疑问,他们能够出色地执行任务。员工通常只有在感受并能够确认他们拥有主管的信任时,才能发挥出最佳水平。

同时从某种意义上讲,作为反馈机制以及主管和员工之间的对话,控制也意味着要肯定员工的工作表现,而不仅仅是指出他犯了哪些错误。这种控制形式旨在帮助员工、主管和公司共同提高绩效。这还会促进合作,向员工展示主管和公司看重的事项。

最后同样重要的是,控制还意味着对员工的绩效表现出兴趣。德国弗劳恩霍夫研究院的调查显示,75%的员工抱怨,他们从没得到过主管的反馈,感到主管并不认可他们的努力。

对于德国公司而言,在这方面值得关注的是1997年6月6日《食品报》发表的报道,其内容阐述了时任麦德龙公司高管的欧文·康拉迪的所作所为:

> 康拉迪——DIY连锁超市的消防员——在上周参观门兴格拉德巴赫三家Praktiker DIY门店期间,麦德龙董事会主席欧文·康拉迪发现其中一家门店的状况非常糟糕。作为门店检查流程的一部分,康拉迪将参观麦德龙旗下所有业务线。

ALDI也采用这样的"门店检查"方式。和康拉迪一样,ALDI的高管也会针对门店开展详尽的检查,查证实地情况,撰写相关意见。正如麦德龙管理层在报道中执行的任务一样,对于了解详情,ALDI经理在这方面毫不逊

第3部分 组织与领导

色。只是 ALDI 处理检查结果的方式会有所不同,这可能是麦德龙没有做到的。

一个简单的例子或许可以帮助说明应该如何处理这些情况。区域总经理是运营总监的主管,而运营总监的任务包括做出有关门店维修的决策。总经理在一次审查中发现了一系列其他事项产生的费用和成本。因此,总经理选择的绩效评估要点是审核"9月份运营总监批准的成本"。总经理要求运营总监在约定的日期前往其办公室(他经常在办公室举行这样的会谈),并要求检查从账簿中收集9月份的所有支出收据。

> 我们一起翻阅收据。每当发现一张有他签名的收据,我们就会停顿一下。这里大多数是我们不感兴趣的日常开支。但也有关于门店地板清洁机维修方面的重复账单。制造商机修工的工资支出、抵达与离开门店的差旅费用、里程津贴以及配件成本,翻阅了一大堆这样的账单后,我们开始重新翻阅收据并计算总成本。我们发现这些机器的修理费用高得惊人。除了确保机器运行必需的维修之外,我们还可以做哪些改进呢?这才是应该监督、审查的关键性问题。
>
> 经过反复讨论,我们的结论是,设备维修工作应该

> 由我们中央仓库的技术人员来完成，这样能够大大降低制造商维修工高昂的差旅费用。我们购买了两台备用机器放在中央仓库，如果哪家门店机器损坏了，我们就可以用自己的卡车把备用机器运到该门店。这能让我们节省大量成本。解决方案如此完善、如此简单，后来ALDI其他公司都纷纷采纳。

我们有意识地挑选这样一个积极的例子，说明如何开展这种经常被视作令人不悦的审查。诚然，还有其他的反面例子和情况。不过我们在这里关心的是原则，即以普遍可以接受以及合理的方式，来看待员工个人绩效正反两方面的影响。总的来说，通过多年来深入的实践和培训，ALDI管理者已经成为这种控制方面的专家。

对总经理工作进行评审

ALDI评审系统不仅限于评审门店经理和员工，也要不时对总经理的工作进行评审。董事会作为上级机构负责这方面的工作。ALDI对高管们的评论方式也适用于其他公司，值得详细介绍。

第3部分 组织与领导

首先,总经理必须亲自完成的任务,应该与其职能区分开来。可以对这些任务直接进行评审。主要是对那些以监督者的身份进行的任务,即他的领导责任,必须进行评审。

职位描述中列出的总经理的职能包括:

- 招聘经理;
- 决定工资与薪酬水平以及相关计划;
- 决定广告资金的使用;
- 决定门店的建筑工程;
- 决定新店租赁的相关事宜(地点、租金、租赁条款);
- 决定卡车的采购与销售。

与这些职能相关的评审要点可能包括以下内容:

- 过去六个月内聘请了哪些片区经理?通过检查人事档案以及其中包含的文件,就可以评估其是否符合应聘条件进行。
- 上次给经理加薪是否合情合理?是出于个人印象还是相关成就?在此背景下,通过检查绩效结果并进行相关比较，就完全可以对某些员工的业绩进行直接评估。

- 过去两个月投放了什么广告？投放了多少广告？特定类型的广告支出是多少？联系了多少家广告供应商？批准用于指定门店的广告传单、范围有多广，出于什么原因？

- 上一季度做出了哪些门店重建决定？为何以及是如何实施建筑工程？可以对相关账单进行检查。是否综合考虑了数家建筑承包商的工程报价？

- 租赁新店时，是否遵守了常规原则？包括检查新店位置，并对该位置发展潜力提出个人评估意见。

- 前一年对卡车进行折旧销售时，它们各有多少里程数？这些卡车是否必须定期修理而且费用高昂？出于什么原因？重新购买的卡车外形尺寸是多少，支出多少？是否存在任何特殊谈判条件以及改进措施？

从总体要求中可以推断出其领导责任。它们包括：

- 允许员工在其职位描述范围内独立开展工作并做出决定；

第3部分 组织与领导

> - 用目标进行领导,按目标进行管理;
> - 对特殊职责进行指派;
> - 对绩效结果(营收控制)进行评审;
> - 定期开展员工绩效审核。

其次,总经理的领导能力和领导行为,也可以间接通过公司的营收进行衡量。公司决策的落实速度以及实施结果可以反映主管的绩效。

主管对员工进行绩效评估,是衡量其领导行为和领导能力的一个优秀指标。根据书面形式记录的评审结果,可以确定以下若干要点:

> - 如何选择评审主题?
> - 根据事实,主管独自做出哪些决策?
> - 他如何对决策进行评估?
> - 对员工的批评与表扬是如何措辞的?
> - 如何表达这些决策?
> - 在评审期间,是否发现任何有趣的、全新的信息?

然而,也可以通过查看各个业务单位对总经理进行评审(就总经理考核而言,由董事会执行)。以下来自整个

大道至简

公司的一些事项,能够很好地展现公司的情况,并且可以对总经理在职位描述范围内实现目标的能力进行评估。这种评估可能涉及:

- 最近由董事会独自进行的绩效评估的相关问题。
- 与总经理就公司领导力、涉及权力、员工以及团队总体合作等问题进行广泛交流。哪些方面的工作尚需加强?
- 对公司管理层决策的执行情况进行评审。
- 检查会议纪要。
- 对最近的业绩对比、员工评审、奖金制度运行情况及其实用性和有效性等,进行综合评估。
- 对劳动诉讼、费用决策以及特定群体员工流动情况进行分析。
- 总经理应该真正熟悉公司某些问题或绩效指标,对其了解的情况提出问题。
- 处理顾客投诉。
- 区域总经理、运营总监和片区经理参观门店,并对他们的所见所闻进行分析。
- 对新租门店情况进行评估。
- 对各类员工的绩效评估进行检查和评审,以确定

第3部分 组织与领导

在公司如何发挥领导才能以及应当采用怎样的领导风格。这样也能得出关于公司工作氛围的结论。

- 在指定的时间内对某类成本进行分析。
- 分析卡车运行日志。
- 进行管理仓库。
- 对门店的相关事项进行检查和评估(现金管理、包括里屋在内所有房间的清洁程度、支出情况、某些商品过期日期的检查等)。

刚开始,应对评审结果采用描述性方法进行简单记录。根据检查要点进一步开展后续评估。通过与总经理在综合评审期间的讨论,双方提供的有益见解,都有助于提升整个集团的管理水平。评审应该在友好的气氛中进行,而不是秘密地收集情报。评审者必须非常清楚这样的事实:不可能做到十全十美,而且新的见解往往是在错误的基础上产生的。

显然,评审在本质上可能变得非常详细。ALDI集团董事会在业务运营中定期进行包罗万象的随机抽样评审,为公司及其管理团队提供了准确的资料。评审关注的重点是避免任何形式的浪费。重要的是,哪些地方可以改进?怎样避免方向性错误?比起长期管控和定期检查,随机抽样评审更加有效、成本更低。

对开展评审这项活动，主管常常比员工感觉更加难受，甚至在执行过程中，许多人也感到力不从心。这种抵制心理的产生有一定原因：高管害怕为了澄清问题而展开不愉快的讨论，对想传达给员工的必要批评，他们不知道该如何措辞。主管尤其会在评判下属的领导行为时感到不安，因为这是他最重要的任务之一，但放弃评审和批评，就意味着逃避责任。

其他企业也可以采纳"评审系统"。一位著名设备制造公司的生产经理在一段时间的工作中采纳了这个系统并且卓有成效："我与员工之间重新建立了密切真诚的关系，大大促进了我的工作。"

为了更好地开展工作、履行职责，主管必须学习评审的技巧。这也是体现公司监事会职责和能力的重要办法。

ALDI采用的"哈茨堡模型"，过去曾受到业界的严厉批评，并在现代管理理论浪潮中逐渐淡出人们的视线。实际上，所谓批评是针对过度的也完全多余的官僚主义。批评者总是求全责备，要求精益求精并且尽善尽美，而ALDI很少这样官僚化地运作。

第3部分　组织与领导

用一线实际工作代替理论性管理工作

明确以一线为中心，是ALDI区别于其他公司的重要差异，而那些公司则让人事部门专注于特定工作内容。在ALDI最初的组织架构中，没有设立人事部门，其理由非常充分——人事工作纯属多余。将任务分配给直接参与业务流程的一线员工，特别是那些负责具体实施和应用的员工，会产生事半功倍的效果。这样就让员工有机会直接验证他们的想法，无须提前征求意见。这样可以避免浪费时间以及进展缓慢。此外，一旦情况发生变化，与其根据纸上谈兵的总部所发指令做事，不如让一线员工直接决策，这样问题会更少。

以前ALDI的新方案都是经过各个专门小组（如仓管经理）会议讨论之后实施的。所有总经理都会收到会议纪要，以便他们了解所有讨论要点，即使只是为了以后能够检查内部运营中的实施情况。如果出现仓管经理没有足够权力应对的极其重要的问题，将在总经理会议上被提出，并由会议做出决定。尽管如今ALDI已经取消了这种由物流经理或行政经理参加的会议，但这项原则仍然以类似的方式发挥作用。

大道至简

赫尔穆特·毛赫尔——雀巢公司前 CEO——在演讲中提到了这个问题（在 ALDI 早已付诸实施）：

> 只有不知道自己究竟想要什么的人，才需要大批助手写下自己想要的东西。因此你会思考某些部门："你是来帮助我们解决问题的，还是制造麻烦的？"我们有太多专家只是在精确地分析为什么一切会如此糟糕，唯独缺乏改进的建议和方法。

在一些零售公司，审计部门是不可或缺的部门，它负责审核门店，替代了一线员工与区域总经理和运营总监的直接联系。区域总经理和运营总监不但免除了承担审核工作，也免除了相应的责任，这是结构性的重大缺陷。作为绩效评估的一部分，主管必须亲自审核门店和员工。他们不需要任何干涉其工作关系的审计师，更重要的是，审计师通常不具备完整的专业知识以及令人满意的职业背景。审计部门存在的意义值得怀疑。这项人事工作最好由一线管理人员来完成，会计部门可以提供基础数据。

务实而又负责的员工发现问题并提供解决方案，具有重要意义。他们直接对日常工作责任，正好也是负责任的思考和建议的保证。毕竟，他们是日常工作中最先受到结果影响的人。

与永不自我革命的人事职位不同,一线管理人员没有时间进行详细的书面阐述。简短的报告表达清晰、易于理解,同时迫使管理人员发现问题的本质。ALDI一直推荐"单页备忘录",即仅限一页的报告,不会包含很多可供讨论的数据。当数字保持在最少时,更具备准确性。这样能够激发员工更大的信心。

少点知识,不用数据,再加一点无知,才能产生创造力

ALDI的统计数据如此之少,几乎用一只手的手指就能数清。这些数据简单、受控、易懂,而且一点也不计算机化。为了满足内部控制和信息系统的需要,他们通常只整理出最重要的数据。就好像尽管树木数量大得惊人,但你仍然能看到整片森林。

ALDI不需要收集、分析任何数据以确定每种商品的"直接产品毛利率"。ALDI了解哪些细节有助于提升业务水平。ALDI的竞争对手热衷于分析大堆数据,或者让最重要的员工整天忙于编制预算,而与此同时,ALDI早已完成了思考

并实现了目标。

难以想象，许多高管居然很难根据一些基本数据来分析目标的完成情况。得益于当今的现代化分析工具以及高精尖的数据处理方法，您可以检索到任何数据并任意进行组合，而且可以很容易将其保存在办公室。许多管理者喜欢依靠大量的数据来发表理论文章。许多零售商喜欢窝在公司总部，通过综合不同营业时间和网点销售明细的POS系统数据提供的市场份额、平均购买力以及顾客账单分析等数据，来分析他们的客户。他们热衷于货架优化计划和客户步行距离研究。但他们对诸如顾客为何购买这种那种商品之类简单的问题，却一无所知。

比较沃尔玛和通用电气两家美国公司的成功故事，企业领导理念的主要区别也清晰可见。ALDI的做法与竞争对手完全不同。ALDI与拥有400T数据仓库的沃尔玛完全不同。沃尔玛对一切数据进行分析。因此们知道为什么要在墨西哥城一家7 000平方米的杂货门店卖50种不同的卫生纸。ALDI很少做分析。事实证明，比起自己的直接竞争对手，在这一方面，ALDI与日本丰田和美国通用电气有更大的相似性，ALDI与杰克·韦尔奇的这段论述完全一致：

第3部分 组织与领导

> 每个人都希望把他们能想到的所有数据放在一张纸上。我的看法是,尽量简化它,让语言变得更加丰富。抓紧每一天,而不是纸上的数据。对我来说,由于不可能接收全部信息,所以无法对其进行取舍。而这些数据对大多数底层员工没有任何帮助。他们需要知道的是,自己必须回答哪些战略问题?变量是什么?

对于公司中规模较大的管理和规划部门,以及解释统计数据的行政部门来说,这些数据或许有用。德国诺贝尔物理学奖得主格尔德·宾尼格有非常基本的见解:"创造性工作需要一定程度的无知。"

这里"无知"的意思是在没有相关信息的情况下开展工作。博学多才的人对已经存在的事物了解透彻,但几乎无法创造任何新的东西。

尽管数据浩如烟海,但很难找到有用的信息和明确的方向。如何才能从成千上万条记录中检索出重要信息呢?例如,关于成本结构的更多的细节。通过各种巧妙创新,使用明显聪明的方法将成本分配给成本对象和成本中心。在零售行业,"直接产品盈利法"误导了很多从事贸易和生产的管理者。在过去甚至现在,收集、处理、应用海量数据,都被当作决策的基础。经验表明,这样做的结果都是一无所获。同时,"直接产品盈利法"也被悄无声息地抛弃了。

直接产品盈利法(DPP)

DPP 概念源自美国,由雷威·莱布兰德在德国大力推广,被生产厂家积极采纳,随后大量管理者对其产生了某种迷恋,其风行程度类似于如今的"有效顾客响应"(ECR)。了解产品利润,由此为品类相关的决策提供合适的标准。从本质上讲,这种方法意味着只保留那些高利润的品类而消除其他品类。DPP 方法还试图让实际运营中的品类、成本及收入结构变得更加透明。DPP 是一种确定商品的收入和成本的单位成本计算方法。仓库和车辆成本即物流成本以及门店租金、内部设施、人工成本、库存费用、能源成本等,都直接分摊进去了。

这种尝试在商界早已不是什么新鲜事了。通常,公司需要一个可以设定价格的基础。但在几乎所有情况下,价格都是由市场决定的。此外,在食品零售行业,采购成本即商品采购价格,直接占到商品成本的 70%—80%。将门店租金的 2% 以及运输成本的 0.8% 分摊到每种商品,这种做法是否切实可行,其实是值得怀疑的。除此之外,从纯粹理论的角度上讲,准确而均衡的成本分摊是不可能实现的,事实上也是人们无法接受的。门店租金一般被视为固定成本,与商品品类或周转率毫无瓜葛。

且不论理论和实践上的双重困难,最关键的是这种分摊方法的意义何在。美国大批行业顾问和食品营销协会(FMI),都争先恐后地向零售商证明,这是零售领域一个具有革命性和必要性的开拓性概念,导入这个方法的零售商才能生存。

计算机收集了大量的数据,但还是无法回答是根据哪个标准真正确定了品类和经营范围。首先,公司经营理念举足轻重,同时必须回答这个问题:为什么顾客会首先光顾这家门店?

这个答案对考虑商品经营范围战略很有帮助。采购员与供应商讨价还价,并决定以一定的价格采购某种商品。相关的租赁或能耗成本,甚至所需人工成本以及20厘米货架空间成本,都将影响对"优质豌豆"罐头的采购决定,这是完全荒谬的事情。门店运营成本中,豌豆罐头是否占比8%、盒装尿布是否占比17%(对应各自销售额百分比),这对于商品定价根本不重要。市场价格才是绝对不容忽视的。许多公司采用错误的计算方式和毫无意义的成本核算，算来算去，最终将自己算出了市场。很明显这就是"直接产品盈利法"数年后销声匿迹的原因。

关注重点

最初，DPP让除了ALDI之外的许多企业兴奋不已。而ALDI甚至对此毫不在乎，因为ADLI一直专注于真正有利于增加营收或降低成本的事，不知不觉中坚持了德国著名物理学家格尔德·宾尼格的观点：更少的数据和分析，更多考虑特定的相关性；如何积极响应顾客需求、实现更高销售额。

过度分析在许多其他公司也逐渐消失。它们正在瘦身，中层管理人员的任务和工作逐渐减少。只有迫使员工将精力集中到最重要、最优先的事务上，减少工作时间才会大有裨益，否则业务将无法正常开展。专门预留一定时间与员工和同事开展非正式讨论，是很有意义的。一些公司出现了一种新的令人担忧的现象：主管与员工之间的电子邮件联络取代了面对面讨论。当然当面沟通讨论的方式要使用在关键问题，而不是进行大量无休无止的会议。大众汽车前高管丹尼尔·戈乌德弗特甚至建议用站立会议取代坐席会议。

ALDI 的信息约束还表现在：员工只能了解与自身工作直接相关的信息。这似乎与鼓励员工参与的现代化管理模式相矛盾，但这正是 ALDI 文化不可分割的一部分。这种约束能够确保多年来员工和公众对 ALDI 集团的真实情况知之甚少，而且除了位于埃森的 ALDI 北方和位于米尔海姆的 ALDI 南方两家公司董事会成员以外，几乎无人清楚具体的销售数据。尽管今天这一点已经不需彻底保密了，但在当初，销售数据保密被视为决定性的竞争因素。许多竞争者对其经营理念不以为然。但如果他们了解到 ALDI 的"无稽之谈"最终获得的经营数据时，有人一定会闻风而动，而不再像往常那样对 ALDI 的经营理念等闲视之。

统计数据与内部竞争：ALDI 内部标杆管理

通过讨论、会议或职位描述，向所有员工反复表明公司期待的顶级绩效与持续改进，是一项重要的领导力资源。公司将审核诸如门店与仓库员工人均营收等生产率相关绩效数据。在不同区域之间对卡车车队绩效进行比较；在不同部门、不同销售区域或 ALDI 各下属公司之间对各种成本进行比较。与前几个月和前几年的表现进行比较，这也是一种重要的管理工具，据此除了比较经营情况，还可以跟踪和评估相关发展情况。

这样就形成了区域之间的竞争格局，使得控制部门以及其他方法（如规划和预测）显得多余。对当前数据进行比较，意味着将事实与事实进行比较，而不是将预算、预测与实际数据进行比较。金钱是衡量销售和成本的有效尺度。仔细研究和评估少量数据，比研究大数据提供的所有可能产生的数据更有意义。计算机挖掘出来的数字垃圾对公司治理没有任何帮助。

人们热爱成功、改进以及优异表现，因为这些给了他们奋斗的目标。如果公司能够及时向员工传达这一信息，定义并认可相关成就，就会创建新的文化元素。最终，这些将能够促进 ALDI 竞争力增强、赢得更广泛的市场以及更高的顾客认可度。也可以提高员工对自身成就的自豪感。这也可以解释为何尽管工作很辛苦，ALDI 收银员仍然被视作零售业最为友好的收银员。作为公司代表，他们每天都能体会到顾客对公司所有努力的赞赏。

ALDI 的以下方法同样适用于其他公司：

第3部分 组织与领导

> - 对基础数据进行简单而清晰的调查；
> - 不分摊成本；
> - 不含分布系数；
> - 在一定时间范围内，或者对运行中的相同单位，建立业绩比较的标准。

不要将1月支付的全年保险账单分摊到12个月，而仅仅在1月的报表中显示。这样资产负债表的查看人就能一目了然，可以吸引其注意力，他也能适当提出问题。这样的表述实质内容非常集中，重要性亦十分突出、容易发现。如果统计数据和资产负债表都采用这样的表述，审查者就能自行检查账单。

即使是数据处理的问题，也应该有战略性地回答。行动计划必须被细化出来，潜在的含义必须被明确定义。简言之：少即是多，少即是好。正如美国著名平面设计师米尔顿·格拉瑟所说："刚刚足够就是更多，过犹不及。"

包含数百万个数据的顾客购物清单的总体分析，是否真的能够成为实用信息来源，这值得怀疑。最后，人们必须通过数据技术设计的相关链接做出决策。可行性分析无穷无尽，让人们无所适从。而日常工作中经常与顾客打交道的员工，需要的是容易理解并行之有效的结果。

大道至简

比如要决策雅各布斯皇冠咖啡（德国最著名的咖啡品牌，由卡夫·雅各布·萨查德出品）500 克和 250 克包装之间的毛利率，你可以从 IT 部门获得长达一千米的打印件，或者从数据仓库里尝试无数路径，但是如果你将公司目标、单身家庭以及绝对毛利率等因素看作一个整体，就会很容易有答案了。

在许多门店，我们可以找到以下价格关系：

> 雅各布斯皇冠咖啡 500 克　4.00 欧元　100 克 =0.80 欧元
> 雅各布斯皇冠咖啡 250 克　3.25 欧元　100 克 =1.30 欧元
> 减去采购成本，每 100 克咖啡门店剩余的绝对毛利：
> 雅各布斯皇冠咖啡 500 克　0.10 欧元
> 雅各布斯皇冠咖啡 250 克　0.23 欧元

因此，想要回答"哪种定价政策更好"这个问题，首先要有创造力，其次还需要认真思考，在细节上下功夫，关键还要有创造力，如果单身家庭确实是一种趋势，则有必要推出小包装产品，假设大包装产品售价低是由于激烈竞争造成的，那么将小包装产品的售价降低 0.32 欧元达到理论上最低价的 2.93 欧元，才是正确之举。这样顾客将会纷纷抛弃大包装而选购小包装产品，带来整体利润增长

(为了简单起见,不涉及税收问题)。此外,这项措施将给门店价格形象带来较大提升。除非如今小包装产品销售势头非常强劲(事实恰恰相反),不得不做出其他方面的考虑。

但有趣的是,在生产和贸易方面的相关合作伙伴并没有意识到这种联系。卡夫·雅各布·萨查德与 Rewe 公司通过品类合作管理项目,深入研究了咖啡这一类别,并于 1997 年在阿姆斯特丹举行的有效客户响应(ECR)会议上做了报告:将咖啡类型分为"复购吸引款"(500 克包装)与"利润产生款"(250 克包装)这一战略,结果一定令人生疑。上述示例表明,事实上存在合作双方可能尚未发现的有关如何获取利润的问题。

因此,对基本问题的全面反思非常必要,比如定价策略关联等没有大量数据负担的问题,就像有必要想象顾客对修改后的价格政策会做出怎样的反应一样。

问题无所不在,大家都期待创造性的解决方案,这时应该把精力紧紧聚焦在业务上。如何处理这些问题最终决定目标能否顺利实现。每个次要问题也很重要,但是选择哪些作为重点决定了谁率先跑到终点。这种思维在 ALDI 占主导地位。其他商家则在酝酿和优化所谓重要的规划、信息、协调、沟通、营销、分销等方面,费尽心机、消耗很大。

要大数据,还是要独立思考

　　管理者从未触达过如此大量的数据,他们再也不缺数据,而这正是问题所在。独立思考、发挥想象力才是不可或缺的。如果公司没有指定团队替代一线经理进行思考,没有人事部门负责分析数据,结果反而会更好。无论是否需要,职能部门都会不由自主地展开分析。数十年前,人们开发出所谓的数据仓库,如今它被称作大数据。计算机技术的高速发展使一切成为可能。理论上几乎不存在无法被编译、存储和再处理的数据。数年前,沃尔玛建立了世界上最大的数据仓库之一,拥有超过 400 TB 的数据。从长远看,沃尔玛的管理者将忘记他们的目标,其创造力也将被埋葬在堆积如山的数字丛中。在沃尔玛,数据会不断生成新的数据,无休无止。然而我们相信,沃尔玛并没有想象中那么成功,原因正是其庞大的数据仓库。

　　建议董事会参与并决定公司究竟需要提供哪些统计数据。每项统计数据必须由专人准备、专人查看,通常需要付出相当多的人力,从而花费大量时间和金钱。有些统计数据由于理论基础的错误,甚至会导致错误的结论,有必要阻止提供一些统计数据。

第3部分　组织与领导

解决办法是，不要害怕差距，独立思考，并将想法付诸实施。大家共同努力，确定哪些问题至关重要，哪些方法切实可行，并忽视那些次要问题。这种方法会加快工作进度。世界上没有万全之策。但是，胸怀目标、快速行动总比将大把时间浪费在检查、分析上要好得多。不要因为缺乏统计数据忧心忡忡，在没有数据支持的情况下也要大胆行动，并且不需要每次都彻底检查所有细节。这需要极大的勇气。

统计数据一旦变少，管理者就不得不反省，并且将注意力转移到商品、顾客以及运营细节等方面。然后，查看尽量简单的数据不失为明智之举。每个数据都会引出有趣而具体的问题。如果过于相信数据，就很容易迷失在死胡同中。每个数据都反映了促进其发展的某些条件。

关于增加或减少SKU的内容可以在"品类管理"的章节中看到。如果刚开始就考虑统计数据，将会导致大量的问题。作为对品类决策的支持，之后可以参考例如销量、营业额、采购价等适度、透明的数据。但需要以实际可比数据作为衡量的标尺。

在没有任何数据的情况下，也可以对某个商品（如洗涤剂）进行深入讨论。问题是，在品类政策的框架内，奥妙洗衣粉推出2千克、3千克或4千克几种包装是否明智。需要考虑哪一款对顾客最适合，能获得什么样的价格优惠？考虑到顾客把商品带回家时，重量太大会对他造成麻烦吗？因为主营折扣业务，是否应选择经营更少的商品？针对其他相近品牌或不同尺寸，推出了哪些替代商品？哪种有关客户响应方面的策略最为成功？顾客真正的需求是什么？

是每月（甚至每周）还是每季度研究公司产品的销售情况？这个问题也很有趣。我们通常赞成以季度为周期进行研究。通常短期内不可能发现趋势、预见未来——短期数据会失真。公司关于产品经营范围以及定价策略方面的政策应该是基础性的，因此适合长期监测，从而避免短期变化以及为了行动而行动。另外一个关键点是，与季度数据相比，月度数据意味着三倍的数据分析量。这可能导致针对整个产品范围展开肤浅的分析，或者助理、员工和其他同事两次被安排参与分析。ALDI 管理系统数据极少，其优点是管理者可以而且必须仔细看这些数据。

编制年度预算、对公司来年或未来几年的情况进行数字预测，这对全球各行各业几乎所有的公司而言都是驾轻就熟的。有些人甚至戏称预算是 CEO 的玩具。但是没有预算计划，ALDI 照样获得了成功。难道 ALDI 错了吗？预算在许多公司至关重要，与 ALDI 形成如此鲜明的对比，可谓"比较出真知"。

第3部分 组织与领导

年度预算是至关重要还是徒劳无功

在德国《经济纵横》杂志1994年8月5日发表的一篇文章中,作者简要地讨论了年度预算是至关重要还是徒劳无功。

我们刚才介绍和解释了财政年度预测与真实数据之间的大量反差。我们发现计划会存在假设错误与缺陷,会忽略重点;而发展有时会超出预想的范围。每当年关来临,我们都必须开始制订来年的计划。就像刚刚过去的一年,我们将再次毫无把握地面对未来的不确定性。因此,我们不惜一次性花费数周时间,远离实际经营,忙于进行数据游戏、设计精彩图表、编制年度预算、召开预算会议。

在一定程度上,预算规划也是合乎情理的,比如为了向监事会报告下一财政年度的预期。通常一整套涵盖上年度成本和收益的规划数据就足够了。有时也可以包括财务、现金流和人事规划等分类的经营数据。

人人尊重、钦佩但并不了解,ALDI绝不编制多余的规划,尽量避免烦琐的工作。ALDI可能是世界上最成功的食品超市连锁商,ALDI向我们完美地展示了,在没有任何预算的情况下如何管理营收高达300亿欧元的公司。

大道至简

然而许多公司并没有专注在关心顾客兴趣、促进交易达成这些经营重点上。尽管徒劳无益,但他们仍沉沦于图表和数据的虚拟世界,湮没在认同或反对的争论中。ALDI则仅仅采用极少的关键数据,专注于最重要的经营流程。这些不是预算数据,而是容易被收集、理解并且透明的真实数据。在ALDI,人们可以看到成功的企业管理绝对不需要多余的预算和预测。

举一个日常经营中的普通案例:一次主题销售,在三个区域,6月业绩与预算对比出现以下偏差:

区域1(650名顾客)……………………… −5.2%
区域2(750名顾客)……………………… −2.1%
区域3(300名顾客)……………………… −6.3%

根据以上数据可以得出什么结论呢?难道区域2的经理6月工作更加努力,还是他做出的预测更加保守?或者对经济状况、竞争环境缺乏了解?为什么会出现如此明显的偏差呢?

根据当前数据与前一年、前几个月或者可比的组合、个案进行简单比较,将出现重大偏差的部分再分解成若干组合或单个部分。由于采用事实对事实的比较方式,这样

第3部分 组织与领导

自然具有解释意义。

以下示例可以说明预算数值居高不下的原因。由于像"大胆的企业家"一样将未来销售额设定得非常高,片区经理米勒受到了运营总监的表扬。为了期待中的表扬,他是不得已而为之。而片区经理史密斯却受到了批评,因为他把销售预期定得较低。上司一直试图说服他提高预期。由于同样对上司的反应有所期待,他也略微做出了调整。在接下来的成果和预期数据对比会上,一方面,米勒由于未能实现宏伟目标而受到了批评。而另一方面,史密斯则因为他在目标略微调高之后超额完成目标而受到了表扬。

如果需要通过总部职能部门所谓的科学分析,在会上绞尽脑汁地解释预算出现偏差的原因,那事情就变得有趣了。如果说以前许多假设出现偏差在很大程度上是由于历史原因。如今就不应该对预算错误再做辩解了。其实预算本身就是出现偏差最重要的原因。以下是关于这个话题的几个观点:

> 为了给监督机构(监事会或者咨询委员会)提供关于下一财年预期的初步信息,预算编制是明智之举。通常一整套完整计划就足够了。
>
> 将预算限制在有限范围内(如财务、现金流和投资

等）是明智之举。

预算不适合用作对营收进行持续控制和评估的衡量标准。

预算不适用于判断操作流程是否成功，也不适用于评审员工和部门的绩效。

预算不能证明投入的时间与金钱是合理的。

全年包括所有细节在内的操作流程，不可能在几周之内提前考虑得当。这毕竟是日常点点滴滴的工作，不是每年秋天需要付出巨大努力务必完成的单次任务。

基于上一阶段（上一年或上几个月）的数据和类似部门或业务的可比数据进行比较更加适合。这些比较的结果可以明确解释其中的差异，而并非含混不清或者部分来自突发奇想的假设。

完全可以撤销预算部门及其相关开支。只要获得会计部门的支持，在开展基础分析、得出运营结论方面，一线经理比其他任何人都更能胜任。

在完全没有预算计划以及浪费巨大管理精力的前提下，涌现了大量优秀的企业。它们节省时间、节省成本、更加高效。它们专注于可以被管控的细节，时刻铭记持续改善的目标。用一个流行词来形容，这些公司是"精益"

的。德国著名作家埃里希·凯斯特纳（1899—1974年，20世纪上半叶创作出许多优秀作品）的建议，可谓一语中的："请将计划抛在脑后，努力持续改善自己。"

关于具体案例的决定

ALDI极少对重大事项单独做出决定。有关公司管理方向的重要决策以及重要运营流程，都是由总经理会议（大约六周一次）做出的，决策前会进行仔细讨论以及全面测试。这同样适用于有关品类和售价政策的决定。对每个事项详细而认真的考虑都是决策的基础。

深入讨论是总经理会议决定的原则，他们希望能够考虑尽可能多的想法和细节，该会议做出的决定从来都不是空谈，而是针对具体情况具有明确操作性的措施。其基础是ALDI不成文的文化。ALDI的企业文化不像许多公司那样被制定为通用规则，但是ALDI反而因此受益良多。由于公司组织架构简单，商品品类数量有限，可以逐一开展审查，因此ALDI得以认真、深入地研究每个重大事项。

许多超市制定了这样的规则，在经营范围内给予领先品牌永久地位或优先地位。再选择另外一款商品与诸如

ALDI 这样的廉价折扣商展开竞争。此款商品一般定价中档，例如采用排名第二或第三的国际品牌。

反映这种规则的另一个例子是，售价始终比价格最低的竞争对手还要低 5%，或者售价永远不能低于进价。这些规定是作为整个产品系列的经营原则而制定的。

这些规定的问题何在？制定的时候经过认真仔细的考虑了吗？它们是否适用于每个案例？它们是否适合每种突发事件或者特殊情况？

每家公司都应以 ALDI 的方式设计组织架构，以便着重处理单一个案和主题以及单个流程和问题。而这只要通过放权和授权就能够实现。大量通用规定在特殊情况下很容易导致犯错，并带来危险。

管理委员会

作为 ALDI 最高权力机构，管理委员会拥有关心并处理任何问题的权力。就像任何一家公司的最高机构，它可以推翻任何有效的法规或以前通行的做法。

管理委员会由 3 人左右的前任区域总经理组成。如果西奥·阿尔布莱希特还健在，理所当然是成员之一并由他担任主席。管理委员会成员是独立代理人,绝非任何控股公司或特定公司的员工。如前所述,这种安排避免了典型的公司结构问题及其带来的各种弊端。在单独经营过程中,管理委员会成员担任监督委员会的职责。委员会具备控制功能与决策功能,也可以及时否决相关决策。

管理委员会的工作方式受到各成员特别是西奥·阿尔布莱希特个人的影响。他热爱细节,所以也会就无关紧要的问题进行长时间的讨论。他总是担心,最佳解决方案不会凭空出现,或者当前是否正在犯错,所以总是倾向于不断微调控制程序或规则,试图彻底消除每一个不足。这种态度源于他对人性缺乏信任的特点。尽管如此,在授权原则的帮助下,ALDI 成功地推出了大量适用而恰当的工作方法。

创始人的权限

众所周知,卡尔和西奥·阿尔布莱希特兄弟的工作方式差异较大。西奥痴迷于细节,卡尔则是原则的忠实捍卫者。卡尔很早就退出了日常管理,而直到 2010 年去世之前西奥在工作中一直非常活跃。由此可以看出,20 世纪 60 年代初兄弟两人的分拆是自然而然的事。

大道至简

基本性格决定了西奥·阿尔布莱希特很难放手不管生意。他总是小心翼翼，强烈需要一切尽在掌握之中的感觉。当然，如果一大早就来公司上班，他最能找到这种感觉。他还让两个儿子西奥和贝特霍尔德成为管理委员会成员，从而控制全局。

有趣的问题出现了，考虑到创始人满腹狐疑的领导风格，ALDI北方如何能够成功管理这么多年呢？综上所述，公司的优点特别值得被注意。公司巨大的优势在于在责任领域内毫无保留的放权和授权，当然西奥·阿尔布莱希特对此大力支持。因此，ALDI公司各区域总经理能够在相对较少的干扰下积极开展业务，从而在权限范围内制定及实现最佳方案。西奥·阿尔布莱希特能够产生的直接影响几乎完全局限于管理委员会范围内，而反过来，后者又充当了公司防护堤的角色。本质上，西奥·阿尔布莱希特并不真正支持毫无保留的授权原则。因此，他需要更加积极地看待他人，从而对他人产生必要的信心。如果未曾经过管理委员会这一制度的过滤，他表现出的态度可能非常消极、极具破坏性。然而，西奥·阿尔布莱希特也从来都是坦诚、和蔼可亲的合作伙伴。他待人友好、轻声细语、毫无领导架子。他是一位慈爱的管理委员会主席，比起"吹毛求疵"，"富有启发性"更适合用来形容他。

第3部分 组织与领导

创始人的主要成就一直都是当初创业时宏伟的目标与计划。之后职业经理人的影响则变得越来越重要，在ALDI北方的重要管理者最初是埃克哈德·阿斯贝克，后来是奥托·胡伯纳以及迪特尔·布兰德斯；在ALDI南方是霍斯特·斯坦菲尔德和乌尔里希·沃尔特斯博士。他们为公司的发展与成功做出了巨大贡献，并且与卡尔和西奥·阿尔布莱希特一起，确保坚决不以牺牲公司基本原则作为成功的代价。由于ALDI反对任何形式的公开露面，ALDI总经理完全不被大众所熟知。请问有谁认识乌尔里希·沃尔特斯博士？而不久前，德国零售帝国滕格尔曼集团老板埃里文·豪布在回应一项调查时，还将乌尔里希·沃尔特斯博士称作过去十年来德国最重要的经理人。

西奥·阿尔布莱希特有着具有对细节的热爱以及扎实的专业知识，随之而来的是他能够树立良好的榜样。尽管占据了创始人的专属位置，但他从未被真正要求行使正常的监督者或总经理的职能。大多数公司创始人可能都是这样。这就很难甚至不可能去评估创始人的领导能力。而通常，创始人突出的特点、典型的个性更容易为人所知。西奥·阿尔布莱希特的个人特征是对细节过分关注，有点疑神疑鬼，再加上由于担心失去对经营和私生活的控制权而有着很深的恐惧。每当入住一家酒店，他的第一个动作就是寻找紧急出口。他既胆小谨慎，又墨守成规。

  并不是创始人所有的性格特点都会对公司起到积极作用。西奥·阿尔布莱希特执掌的管理委员会，对于其感兴趣的细节给予了过多的关注。创始人当然希望这一点能够被大家所容忍和接受。位高权重的人总想让自己成为衡量一切的标准，这已经是司空见惯的事了。

  例如，作为管理委员会主席，他为 ALDI 一家新的区域公司规划搬运工人公寓并为公寓设计了装修方案，还要求必须被采用。这些工作会令与其共事的经理人感到沮丧。

  然而，每家 ALDI 下属公司只由一名总经理而非 2—3 名高管组成的团队进行管理，这是一个在组织上非常重要而成功的决定。如果总经理是合适的人选，当然万事大吉；但如果所托非人，公司就会用其他人取而代之，或者想方设法提高其领导才能。这意味着，在业务运作过程中，可以避免管理委员会自身带来的问题。

ALDI 组织的鲜明特点

  在《追求卓越》出版八年后，汤姆·彼得斯将其见解

第3部分 组织与领导

总结如下:"八年前确定的成功企业的八项基本原则,实际上可以归纳成一条,即放权和自主。"

成功的秘诀是,放权将大批员工变成公司内部的"当家人"。我们认为,这样的领导和组织原则是 ALDI 获得巨大成功的一个重要原因。

ALDI 的领导和组织有什么本质不同?具体参考本部分末尾的总结。

除了严格遵守并坚持这些原则,无论如何,关键还是执行。由此可见,对于个体尤其是对于那些负责实际执行的员工而言,掌握并理解这些原则是多么困难。

在 ALDI 德国、波兰、土耳其、哥伦比亚以及其他国家的日常经营中,一系列非常具体的案例向我们展示了执行的困难。由于个人背景不同,思维狭隘并且缺乏想象力的现象比比皆是。在消费品行业多年担任高管的人,对简单的硬折扣店体系,却很难真正理解,其难度不亚于让自动飞行的空客飞行员,赶着毛驴在路上疾驰。在大型跨国公司中,许多事情已经按部就班地运行了多年。无论情况如何,高管们经常在袖手旁观。管理者在公司官僚作风的泥沼中越陷越深。很难让他们重新参与到与顾客和市场息息相关的事务中去,或者对员工为了获取成功而真正需要的东西感兴趣。

ALDI 组织和领导的特点小结

- 目标明确

对所有员工来说简单易懂。

- 大力放权、授权

下放一切可以下放的权力。集中必须适当集中的权力。

- 系统控制

下放或委托的权力必须得到系统性的控制。

- 统计数据少之又少

提升反思的勇气，创造力来自数字之外。

不设立职能部门

所有特殊任务均由一线经理负责处理。提倡人人负责。

- 不进行各种预测

基于真实数据的聪明比较，是替代所有评估的衡量标准。

- 最高管理层会这样做

公司高管必须了解并观察客户真实体验。

第 4 部分
商业原则

ALDI 制定销售政策的原则

在我们研究那些成功公司的过程中,会持续浮现一个关键问题:其市场领导力的真正成因是什么?麦德龙前首席执行官克劳斯·维甘特在分析欧美成功公司的过程中,总结了他认为的三个成功因素,并运用到麦德龙的重组变革中:

> · 单业态:只有一个零售业态;
> · 对细节的痴迷;
> · 除非在本土足够稳固,否则绝不扩张到其他国家。

显然,维甘特的分析让人想到一家特别的公司——ALDI——就是这个成功范式的原型。

来自美国的企业顾问迈克尔·特雷西和弗雷德·威斯玛将 ALDI 和计算机制造商戴尔称为"运营之王"。通过非凡的运营能力，它们在成本控制和组织管理方面取得了最高的绩效。它们的非凡成就，就是在经营方面将商业理念完美践行。它们在这方面首要考虑的，并不是商业理念有多么非凡，而是保持运营领先，尤其是成本领先，这是确保价格优势的决定性前提。尽管 ALDI 这样的公司以有限品类为商品基础，但是如果 ALDI 没有在所有环节明显取得成本领先，那么它就无法取得如此决定性的市场领导地位。

值得一提的是，像德国的 Norma 或 Lidl 等其他折扣商，多年来都在公开试图模仿 ALDI 的经营方式。这几家公司都从 ALDI 透明的商业原则中汲取了灵感——有限的品类、良好的质量和低价的策略。而上述商业模型的基本原则，必须基于最佳的运营效率。

不同公司应该根据自己的文化来发展自己的经营原则。ALDI 已经成功做到了这一点。虽然 ALDI 也关注市场竞争，但竞争对手从来不是 ALDI 制订行事标准的参照，ALDI 始终坚持走自己的路。

ALDI 的商业原则，从销售策略和市场认知角度，可以被概括为以下六点：

第4部分 商业原则

> 1. 只经营有限品类的日常消费品；
> 2. 所有单品都必须易于现场处理；
> 3. 尽可能好的品质，媲美市场大牌；
> 4. 尽可能低的零售价格；
> 5. 尽可能低的成本；
> 6. 尽可能多的自有品牌。

随时随地保持低价

当然，公司的基本原则是以低于其他任何地方的价格出售产品。只要不妨碍竞争就尽量去卖高价，这种做法从来都不是 ALDI 的目标。ALDI 的做法得到了顾客的认同。

"对像我们这样的购物者来说，ALDI 的价格真是令人难以置信。"一位顾客在《食品报》消费者圆桌讨论会上这样说，会议涉及与食品消费相关的各个主题。据说 ALDI 的顾客一般是这样两类人——那些必须省钱的人和那些喜欢省钱的人。正如西奥·阿尔布莱希特曾经说过，如果您讨厌金钱，那就去大型超市购物。

各种出版物也一再力挺ALDI。最近的例子就是Astrid Paprotta与Regina Schneider关于ALDI美食的合著——*AL DIdente*。弗兰克·戈尔茨在1974年出版的《聪明购物者的省钱指南》一书中,通过对共计61件商品的购物篮进行比较测试,结果发现所有商品都是ALDI的更便宜。整体比较显示,ALDI的价格优势明显——在ALDI购物总计为110.75欧元,而在普通大型超市购物则高达171.50欧元。

ALDI	110.75欧元
普通超市	171.50欧元

欧文·康拉迪(Erwin Conradi)在接受德国《时代周刊》主题为"购物体验"的采访时,以清晰和极具挑战性的方式表达了低价的重要性:

"顾客从觅得超值商品中获得极大的满足,即使回到家中,这种感觉也还会一直持续。"

1983—1984年,ALDI与其他零售卖场之间120种商品的售价对比如表4-1所示。

第4部分 商业原则

表4-1 ALDI与其他零售卖场价格对比

其他零售卖场	与ALDI同价	比ALDI便宜	比ALDI贵
Marktkauf AVA Bielefeld	45%	2%	53%
Realkauf Schaper / Asko Hannover	30%	4%	66%
区域市场领先的卖场	15%	2%	83%

2000年5月上旬在汉堡进行的一次价格对比测试,除了ALDI之外,还有Spar联盟超市(该超市以其丰富的品类和优质的商品著称)以及Lidl折扣店(ALDI在德国市场上最强劲的竞争对手)等被列入测试中,结果如表4-2所示:

表4-2 ALDI与Lidl和Spar价格对比(单位:欧元)

商品	ALDI	Lidl	Spar
1升装巴氏消毒牛奶	0.95	0.95	1.19
1千克装405号面粉	0.45	0.45	0.59
1千克装精糖	1.69	1.69	1.79
500克装全谷物燕麦	0.49	0.49	0.99
250克装全谷物脆面包	0.69	0.69	2.29
500克装全谷物面包片	0.95	0.79	1.99
250克装黄油	1.69	1.69	1.99
500克装葵花籽人造黄油	0.99	0.99	1.39
500克装食用油	0.99	0.99	1.39
150克装原味酸奶	0.25	0.25	0.39

续表

商品	ALDI	Lidl	Spar
200 克装烟熏三文鱼	4.29	4.29	6.65
10 只装鸡蛋	1.09	1.09	2.99
450 克装冷冻奶油菠菜	0.89	0.89	0.99
1 千克装胡萝卜	1.79	1.99	2.99
2.5 千克装春马铃薯	2.99	3.31	3.99
1 千克装香蕉	1.79	1.88	2.99
2 千克装洋葱	2.39	2.98	3.98
500 克混装甜辣椒	3.59	3.05	6.30
500 克装金牌品质咖啡	5.79	5.29	8.99
340 克装脂肪含量 10% 的炼乳	0.79	0.79	1.49
100 张装 4 号过滤纸	0.99	0.99	1.19
0.75 升装橙汁	1.39	1.39	1.99
0.33 升装胡萝卜汁	0.79	0.65	1.79
0.5 升罐装啤酒	0.59	0.59	0.79
0.7 升装 37.5° 伏特加	8.98	8.98	9.99
0.7 升装 36° 白兰地	8.98	8.98	9.99
450 克装酸樱桃果脯	1.59	1.59	1.79
450 克装梅子酱	3.04	1.49	1.79
500 克装蜂蜜	2.29	2.29	3.99
400 克装坚果奶油牛轧糖	1.59	1.59	1.79
500 克装"王子"饼干	1.39	1.39	1.79
100 克装坚果	0.49	0.49	1.19
200 克装去壳榛子	1.99	1.79	1.49

第4部分 商业原则

续表

商品	ALDI	Lidl	Spar
720毫升装樱桃罐头	1.30	1.30	1.50
580毫升装西里亚泡菜	0.50	0.50	1.20
800毫升装红豆汤	0.80	0.95	1.00
750毫升装冷榨橄榄油	2.15	2.15	4.50
1.5千克装洗衣粉	2.49	2.49	2.50
500毫升装洗发水	0.80	0.80	1.85
45片装卫生巾	1.15	2.23	1.60
125毫升装牙膏	0.50	0.50	0.65
单张30厘米/30米装铝箔	1.15	1.15	1.50
850千克装狗粮	0.55	0.55	0.65
合计	45.60	46.00	64.40
价格指数	100	101	141

我们将商品调整为单一数量，以匹配ALDI的商品。其中Lidl没有少数几个单品。为了使整个购物篮价格更容易比较，我们参照和ALDI相比的平均价差＋0.73％，虚拟了这几个商品的价格。

比较中包括了ALDI的竞争对手所出售的最便宜的产品，这些要么是厂商品牌，要么是竞争对手的自有品牌。我们假设ALDI产品至少与这些品牌产品（在本次抽样中价格最便宜）一样好，但实际体验通常显示ALDI的自有品牌比竞争对手的产品质量更好。

显然，面对激烈的竞争，ALDI 也不可能经常比其竞争对手 Lidl 便宜很多。后者显然在定价时锚定了 ALDI，并且自有品牌也越来越有竞争力。大约 20 个月前，一项相同单品的价格比较显示，Lidl 仍比 ALDI 高出近 7%。同时期，Spar 将自己与 ALDI 的价差从 55% 减小到了 41%，同时也增加了自有品牌产品的份额。

由于 Spar 连锁超市出售知名品牌商品，某些单品质量有可能超越 ALDI，但是来自德国消费品测试研究所 Stiftung Warentest 的结果表明，几乎在所有对比中 ALDI 的商品质量都更好，甚至比大牌商品的质量都好。

应该注意的是，Spar 的较高定价是基于不同于折扣店的另一个业态定位：经营品类更广泛，生鲜品种丰富，还有一点并不重要但是仍需要认识到的是，昂贵的租金也决定了要有不一样的定价策略。Spar 依然很受欢迎，人们也定期在那里购物。经营者必须反复问自己一个问题："顾客为什么要来我的门店购物？"对于 Spar 和 ALDI 而言，答案是不一样的。

ALDI 决定了市场价格，尤其是针对该品类中最畅销的单品。

以前，ALDI 很少关注竞争对手的价格变化，他们自己确定商品定价。如果采购价格下降，ALDI 几乎会自动调低其零售价格。ALDI 通过在所有领域削减成本来实现最高性价比。比如员工的薪酬通常属于业内最高水平，但由于员工的生产效率很高，其人力成本占比反而是最低的。今天，其他连锁超市很容易对标 ALDI 的价格体系，因为 ALDI 只经营基本品类和特定单品。所有超市都建立了自己的自有品牌品类（例如 Rewe 的自有品牌叫"Ja"）。抛开基本品类，不同超市间的其他相同商品依旧可以观察到巨大的价格差异。

比如，"Skyr"，一款来自冰岛的低脂酸奶，ALDI 依旧以最低的价格出售：

ALDI 500 克	0.99 欧元
Edeka 450 克	1.39 欧元
Kaufland 450 克	1.49 欧元

价格大战

如今，ALDI 越来越需要强化其价格领先者的地位。这导致折扣店巨头之间时常发生价格大战，大卖场也经常被卷入这场战争。在争夺市场份额的斗争中，零售业只有一种武器——价格。1994年11月,德国《食品报》报道了"ALDI引发的价格战"。据报道,ALDI调低了近半产品的价格,让利约5亿欧元。据说ALDI仅巴氏杀菌奶调价就使Rewe集团损失了1 250万欧元。1997年10月《食品报》报道,在"ALDI大满贯比赛"活动中,对黄油和食用油等品类大幅降价15%。在短短一周内,所有对手都纷纷参与调价。当然,ALDI的进攻主要是针对其贴身竞争对手Lidl和Penny。

多年来,ALDI不得不面对Lidl的积极扩张和激进价格。这是"价格战"背后的原因。价格是Lidl试图从ALDI手中抢夺市场份额的唯一的硬筹码。ALDI和Lidl之间的价格比较表明,ALDI也不是总能在市场上一家独霸。

1997年5月,Penny和Lidl之间发生了价格战。两家公司都面临着自己的问题。当时,Lidl在欧洲进行快速扩张,但并不是所有区域都能达到业绩预期,有些甚至不能满足必要的底线。而Penny觉得自己的折扣模式偏软,多年来一直希望成为一家硬折扣商。

考虑到价格战,《食品报》当时预计ALDI将进行毫不留情的反击。实际上呢?ALDI并未放松警惕,但由于ALDI本身没有任何问题,因此还是按照自己的节奏发展,没有大幅降价削减利润。ALDI 的毛利空间足够大，本来可以进行价格调整，但如果 ALDI 做出反应，预计会将价格降到比对手更低，这样将有利于消费者，但牺牲了商家的利润和未来发展。

总是把质量放在首位：自有品牌

除了优质低价原则，长期坚持自有品牌政策也是 ALDI 成功的关键因素之一。ALDI 货架上接近 95% 的商品都是自有品牌，但通常由知名品牌制造商生产，如百乐顺（饼干）、德贝勒、百达、特朗普、雀巢或联合利华。没有其他零售商如此狂热地奉行这一政策。

这一战略的成功和德国商品检验基金会的检验结果相匹配。与品牌商品相比，ALDI 自有品牌的商品不但价格低廉，而且质量经常获得该基金会更高的评分。供应商知道，如果商品检验结果不尽如人意，他们将可能面临严厉的处罚。而所谓不尽如人意通常指"合格"这个评级。但 ALDI 会抓住机会对此类质量问题做出适度反应：如果一个单品只被评为"合格"，假设供应商以前为 6 家配送中心供货，刚开始可能会从供应名录中裁掉两家，直到产品质量得到提升。但是，如果情况继续恶化，ALDI 通常会将该单品移出该品类的供应名录。

供应商了解 ALDI 的质量要求。他们必须竭尽全力满足 ALDI。采用上好的原材料和优良的生产工艺。由于不与供应商签订长期合同，如果质量问题非常严重，ALDI 也可以立即终止业务关系，而无须应对没完没了的法律纠纷（通常要等到库存销售完毕）。然而，ALDI 很少采取如此严厉的措施，毕竟这样容易危及供应商的生存。这就是 ALDI 不希望供应商对其庞大订单数量过度依赖的原因。通常 ALDI 也会提前发掘其他供应商，做到有备无患。

举个例子，Schieser 是当时德国最大的面包制造商之一，于 1997 年年中申请破产，ALDI 对其不断增加的涉及质量和交货方面的问题，表现出了足够的耐心。但由于其始终没有改进，最终 ALDI 也被迫采取行动，中止与其合作，以免破坏自己在顾客心目中的声誉。一般来说，造成这种质量缺陷的原因完全在于供应商自身，与 ALDI 的低价策略没有关系。

表 4-3 显示了德国商品检验基金会的部分检验结果。价格比较基于特定的统一数量（例如 100 mL）或消费者通用计量单位（如 1 包洗衣粉）。结果显示，ALDI 北方与 ALDI 南方的相同商品往往价格一致，通常也保持相同的

第4部分 商业原则

质量。

近年来,德国商品检验基金会抽检的杂货比之前要少。如今,他们只对味道和成分进行检验,检验报告不下定任何最终的、全面的结论。但无论如何,在质量和价格方面ALDI的评级总是"非常好"。

表4-3 德国商品检验基金会的部分测试结果

商品	商品检测数量			ALDI商品等级	价格区间	ALDI商品价格
	非常好	好	差			
1996年						
澄清苹果汁	5	12	3	好	1.10—2.25	1.32
纯天然苹果汁	2	7	2	差*		
鱼条	2	7	7	非常好	0.42—1.11	0.42
速溶巧克力	1	16	3	好	0.35—0.80	0.35
润肤露	0	8	1	好	0.05—0.60	0.05
防晒油 8—12	9	2	3	非常好	3.98—97.50	3.98
防晒隔离乳 6—8	10	3	1	非常好	0.92—9.95	0.92
洗碗机用洗涤剂	0	4	10	差*		
				满意（ALDI南方）		
1995年						
冻鸡	0	5	6	好	0.62—1.66	0.62
速冻晚餐	0	1	9	满意	0.55—1.58	0.55
冻鱼条	2	7	7	非常好	0.42—1.11	0.42

大道至简

续表

商品	商品检测数量			ALDI商品等级	价格区间	ALDI商品价格
轻质液体洗涤剂	0	11	0	好	0.19—1.05	0.19
1994年						
洗衣粉	0	16	0	好	0.23—0.62	0.24/0.27
护肤霜	0	4	7	满意	1.00—8.00	1.00
原生橄榄油	3	12	5	非常好	6.12—49.80	6.12
洗碗液	0	10	6	好	0.52—3.00	0.52
橙汁	2	13	5	好	0.89—4.27	0.89
洗手液	0	16	0	好	0.33—4.49	0.33
洗发水	0	14	0	好	0.32—10.00	0.32
护肤霜	0	1	5	满意	1.00—8.00	100
1993年						
清洁剂	0	11	2	好	0.20—0.77	0.20
多功能清洁剂	0	12	0	好	0.01—0.41	0.05
彩色洗衣粉	0	4	1	好	0.31—0.63	0.34
洗手液	0	18	1	好	0.33—4.70	0.33
1992年						
洗衣粉	0	16	0	好	0.33—0.72	0.33
洗发水	0	14	2	好	0.60—4.73	0.80
护肤乳液	0	14	2	好	0.60—9.95	0.72
洗碗粉	0	0	8	满意	0.08—0.24	0.08
1990年						
鸡蛋烤饼	5	0	2	非常好	0.69—1.79	0.69
洗碗液	0	6	21	满意	0.20—0.70	0.20
干狗粮	0	11	2	好	0.12—0.26	0.16
狗粮罐头	0	13	4	好	0.39—2.33	0.39

注：*代表ALDI北方将该商品立即下架。

ALDI 严格的质量政策，也让人对 IGD Europanel 实验室在德国的商品检测结果印象深刻。对自有品牌形象的调查发现：85% 的受访者认为自有品牌更便宜；90% 的受访者认为自有品牌与名牌商品在质量方面旗鼓相当；84% 的受访者对自有品牌充满信心。这样的调查结果很可能也与德国消费者经营光顾 ALDI 有关。

ALDI 自有品牌 Tandil 洗涤剂的市场份额曾一度达到 25%，其自有品牌的重要性可想而知。每个消费者对宝丝、奥妙、碧浪、汉高等洗衣粉著名品牌都耳熟能详，这些品牌依靠强大的广告宣传得到推广，几乎每个门店都有销售。我们相信，在这样激烈的竞争下，自有品牌之所以能够获得成功，一个重要的原因是零售商及其员工在推动自有品牌方面不遗余力。在这样的情况下，品牌名称反而显得不那么重要了。

咖啡中的头牌

在 ALDI 自有品牌表现方面，咖啡一直比洗衣粉更加抢眼。在德国，没有哪个品牌的咖啡比 ALDI 的 Albrecht Gold 品牌评级更高。即使奇堡（Tchibo）和雅各布斯

（Jacobs）这样的大牌，在内部测试中评级也总是低于ALDI。关于烘焙咖啡，德国远近闻名的品牌雅各布斯向德国《商业周刊》表示："很显然我们的头号竞争对手是ALDI。"没有比这更高的赞美之词了。雅各布斯咖啡在德国每家超市、每家便利店和每个服务区都有销售，而ALDI咖啡则只在自己的门店出售。但在德国重新统一后，随着Eduscho被奇堡接管，市场份额已经发生剧烈变化，因此ALDI目前应该排名第三。

1985年咖啡市场份额排名为：第一，奇堡；第二，雅各布斯；第三，ALDI；第四，Eduscho；第五，梅利塔。

1994年，据报纸报道，在前西德各州，雅各布斯将市场领导地位让给了ALDI：ALDI的市场份额为19%，雅各布斯市场份额为14%，如表4-4。

整个咖啡行业（除了ALDI和梅利塔）1994年都不得不面对令人痛心的销售下滑[①]。

应该注意到，其他所有咖啡品牌都在许多商超销售，而ALDI自有品牌只在自己的门店出售。同样值得注意的是，德国反垄断监管机构最终于1997年批准了奇堡与Eduscho的合并方案，两个品牌合并后将占据德国咖啡市

---

① 参见1995年10月10日版《食品报》。

第 4 部分　商业原则

场的 30%，即使这样也并不会给它们带来"压倒性的市场份额"。根据该机构的观点，真正的市场领导者仍然是随时调整价格的 ALDI。

表 4-4　德国排名前五咖啡品牌的市场份额

咖啡品牌	前西德与东德市场 1994 年市场份额（%）	从 1993 年起市场份额变化（%）	1997 年市场份额最新估计（%）
雅各布斯	21.8	−12.0	30
奇堡	15.5	−9.7	20
ALDI	14.4	＋7.9	13
Eduscho	10.8	−9.4	11
梅利塔	9.7	＋6.8	12

"咖啡测试"是位于埃森的 ALDI 总部高管们午餐后的一个习惯。管理委员会成员与首席采购官会晤，对咖啡进行盲测，并就公司各方面的工作交换意见。可以称为 C&C（Coffee&Communication 咖啡与交流）会谈。

成功的自有品牌名录中还包括其他商品：ALDI 白兰地自有品牌 Regent（ALDI 北方）以及 Diplomat（ALDI 南方）的年营业额合计约有 5 000 万欧元，与德国各地流行并且随处可见的品牌阿斯巴哈大体相当。白兰地自有品牌 Cognac Rayon（ALDI 北方）以及 Royal（ALDI 南方）合计 2 000 万欧元的销售额，这样的销售额几乎能够与人头马并驾齐驱了。最后举一个香烟的例子：Tobacco House

Nr. 7 与 Boston 两个 ALDI 自有品牌香烟，超过了其他所有品牌在 ALDI 门店的总销量。

消费者关注产品质量

自有品牌主要针对充满自信、知识渊博的消费者，质量和价格是反对非理性"品牌"意识的强大武器。或者，正如帕普普罗塔／施耐德所说：ALDI 顾客不需要通过品牌来提升他们的个人满足感。因此，ALDI 在三十多年前就开始销售从前东德进口的瑞德伯格比尔森品牌啤酒，如今它在德国西部各州也广为人知。在 ALDI 颇具竞争力的定价政策支持下，消费者当然更注重质量。

消费者完全能够自行判断质量优劣，而不是依靠品牌推广活动。艾琳·C.夏皮罗在她的著作《管理浪潮下的迷思》中描述了从品牌忠诚时代到产品价值时代的跨越。ALDI 自有品牌的成功明确支持了这样的观点：产品价值优于一切。

所有重要的制造商都越来越多地转向自有品牌或商业品牌。据估计，自有品牌已经占据德国将近 40% 的市场份额（如果将 ALDI 的真实数据包括在内，比例可能更高）。

第4部分 商业原则

欧洲市场变化的所有统计数据以及相关调查都反映了自有品牌正在高速增长。在零售行业，公司规模越大，产品集中度越高，自有品牌增长就越快。对于制造商来说，这意味着相当一段时间的发展机遇，但却给品牌商带来了挑战，他们在产品研发方面投入了大量资金，并且希望通过高价格高利润获得投资回报。但是，如果考虑到品牌商品需要分摊的高昂广告支出以及巨额促销费用，零售商通常可以通过自有品牌获得更高的利润。

许多制造商都为几乎所有折扣店和食品连锁店生产自有品牌。比如鲍尔酸奶在为 Rewe（旗下拥有 Penny、Minimal、Toom、HL）、特格曼（旗下拥有 Plus、Ledi）、Lidl 和 麦德龙（旗下拥有 C+C、Real）提供自有品牌。今后零售商和制造商的任务是对这些品牌赋予各自的特性，特别是在质量方面。自有品牌内涵丰富，绝非一个名字那么简单。

ALDI 的质量政策之所以获得成功，有两个决定性因素。首先，ALDI 自有品牌的质量以名牌商品作为基准。其次，面对产品质量差异，不将价格作为采购决策的唯一因素，这是一项基本原则——为了更高的质量，接受更高的进价。

大道至简

严格的质量控制

　　ALDI 成功的另一个决定性因素是严格的质量控制。在每家 ALDI 的分支机构，管理团队习惯性地在午餐时分进行产品质量测试。他们经常对 ALDI 自有品牌和品牌商品进行盲测。

　　员工（甚至顾客或者刚刚来面试的求职者）在产品辨别方面出现错误的现象非常常见，比如分辨"饮料品牌"或通过"雪茄烟圈"分辨雪茄。我们还见过这样一种人，他们声称能够从数百款饮料中分辨出真正的可口可乐。但在 ALDI 总部的质量测试中，他们常常把可口可乐排在第二或第三位。我们永远不会忘记德国独有的柯伦酒供应商，他坚信"通过瓶子"就能闻出自己的美酒。测试中，他把自己的产品排在第三位。这位专家将 ALDI 自有品牌排在首位，一款伏特加被排在第二位，他甚至没有发现这根本不是一款"柯伦酒"。这就像小孩花了大量时间去比较自有品牌和知名的能多益品牌的榛子巧克力一样。有时候你必须品尝五六次，才能得出一个接近参照基准的判断。

　　此外，ALDI 要求产品必须满足 60 多家配送中心对商品采购和收货的要求，其中包括感官检查和由独立实验室

第4部分 商业原则

开展的实验分析（额外的重量测试，甚至清点卷筒卫生纸的纸张数量，以确定是否真有供应商声称的 200 张）。相关记录都保留完好。

下面举几个例子：

- 每批罐装水果、蔬菜和鱼类都会被抽样。
- 每次都会对货物抽样，并对单个产品进行称量。
- 每周至少检查两种热狗产品。
- 每种纸质产品每月至少检测一次。
- 根据特殊而详细的规则，每个批次的鸡蛋都要进行称重以及质量控制。
- 每天进行常规重量控制，会针对某些商品抽取一定数量的样品进行检测。
- 作为日常控制的一部分，会从配送中心库存中任选 10 种商品进行抽样。
- 在相应的品类中，每名买手都与竞争对手进行质量比较。

没有一家 ALDI 的竞争对手会开展如此深入的质量控制。这种广泛而复杂的质量控制系统是 ALDI 及其顾客对产品质量充满信心的基础。这是零售商对自有品牌信心满满的原因，同时自有品牌也可以使 ALDI 一定程度地摆脱对供应商的过度依赖。

当然，ALDI 的采购条件需要得到供应商的保证和支持。例如，供应商同意，不仅仔细挑选并监督员工队伍，而且会排除任何无意识掺假的可能性，特别是由购买掺假商品或误导性标注商品引起的非故意掺假行为，从而设计出完善的生产流程。或者要求供应商在首次交付后一个月内，再次提交由独立测试实验室编写的测试报告。

在产品新鲜度方面，ALDI 常常立于不败之地。ALDI 快速的运输和配送系统使得竞争对手几乎不可能提供更加新鲜的产品。尤其是面包，每天交货，快速销售，从而确保新鲜。但 ALDI 有时候也必须承受难以避免的偏见。德国《食品报》曾经引用"消费者调查"中一位顾客的话说，"ALDI 的鸡蛋不太新鲜"，而事实正好相反。其实没有什么商家的鸡蛋比 ALDI 的更新鲜了。没有任何地方的鸡蛋新鲜度和质量检测比 ALDI 更加深入，每个批次的鸡蛋都会受到检测。有限的产品范围明显带来了巨大的优势，使得 ALDI 在控制每个 SKU 的质量和新鲜度方面都能够游刃有余。

贯彻 ALDI 质量原则的另一个做法是，分支机构经理无权拒绝顾客退货。ALDI 处理顾客退货向来非常慷慨。

第 4 部分　商业原则

只有在特殊情况下，门店经理才需要上报并请求片区经理做出决定。与许多人设想的不同，ALDI 发现顾客很少滥用这种慷慨。

可靠、完美、统一的质量，曾经是现在仍然是 ALDI 获得成功的决定性因素，这比任何具体的分销配送体系都更重要。分销配送系统可以被观察、分析并复制。然而，这种始终如一、毫不退让的质量政策，需要特定的企业文化作为后盾，需要勤于思考、善于感知并付诸实施的团队做支撑。

2017 年 12 月 22 日出版的第 22 期《食品报》，引用了有机饼干生产商乔治·帕拉斯卡的话："在所有的零售商里，你认为抽查频率最高的会是谁？抽查当然指突击检查，即突然出现在你的店门前。确实没有商家像折扣店那样经常彻底地检查商品。"

600 个 SKU 成就一家公司

ALDI 的成功是主动建立品类限制的成功。数十年来，ALDI 北方的产品范围一直限定为约 600 个 SKU，而 ALDI 南方甚至仅有 450 个 SKU。

大道至简

创业初期，ALDI 仅仅销售干货系列的产品。因为这些产品不需要冷藏或者特殊处理。如今，保存和运输冷藏、冷冻产品已经不存在设备和物流方面的任何问题。员工也不需要对 ALDI 产品有特殊的了解。尽管如此，ALDI 还是经过很长时间的准备才推出肉类产品。现在 ALDI 推出的水果和蔬菜也越来越多了。

如今零售商超过 600 个 SKU 就很难管理。对于每个 SKU，从员工到高管，需要一直对其一视同仁。当只有 600 个 SKU 时，员工能对每一个都了如指掌。但如果数量继续上升，这将变得十分困难。

但是，销售数千个 SKU 的公司在某种程度上说，不也要做同样的事吗？一整天下来，顾客只会从某个型号中选购一款中意的商品。这款商品究竟有多少相似款，都与他毫不相干。他绝不会将各种各样的果冻搬回家，而只会买其中一款，例如"小罐低糖樱桃果冻"。而这对于 ALDI 的所有竞争对手却是一个最大的问题，无论是有 2 000 个 SKU，还是有高达 20 000 个 SKU，零售商同行的管理者也不得不借助愚笨的办法进行质量保证和产品范围控制。

一种解决方案是，在一套明确的指导方针下，将产品经营范围和定价等相关问题的决策权下放给分支机构。如今，部分零售商正在尝试这样做。即使对于与其有合作或联营协

第 4 部分　商业原则

议的独立代理商，Rewe 集团总部也签署协议，使自己能够对门店的产品经营范围施加影响。但这有可能是针对代理领域的单独决定。Rewe 将这种影响方式称作"伙伴关系模式"。虽然我们认为这并不是一个恰当的方式，但如果考虑到采购业务对零售行业的重要性，这也是可以理解的。

在 1997 年《食品报》的一篇文章中，乌韦·罗斯曼尼思以"超市经理的新自由"为标题，将 Rewe 作为其他公司的一个例子，讨论了他们所面临的问题。获得定价和产品经营范围授权的大型零售商区域负责人，与总部发布的战略在多大程度上会背道而驰？鉴于行业期望的相关绩效奖励以及通过销售捆绑方式实现最佳采购价格的目标，产品采购和质量控制的相关权限并不会白白交给经理。

他们在这种喋喋不休的争论中并没有考虑消费者这个因素，而"以顾客为导向"纯粹是夸大其词，最后仅仅留下惺惺作态。在这里，企业管理者唯一关心的是如何实现业务再增长几十个百分点。门店运营也反映了这种情况，门店经营的产品给人的印象常常是，货架被设计成了供应商的专有展出摊位。

怎样才能成功经营 600 个 SKU？那就是以授权与放权的经营原则为基础，一家门店的售货员曾将其称作"牙膏哲学"。

牙膏哲学

"牙膏哲学"认为,门店的店员和产品经理(不是门店经理)应该被赋予一定品类的管理权。这些店员是采购部的联系人,在没有征求他们的意见与建议的情况下采购员不应做出任何有关产品品类的决定。门店的店员和产品经理到底执行哪些任务呢?在公司规定的一般原则下,他们负责权衡产品品类组合是否最佳。店员需要考虑产品经营范围是否妥当,个别不合适的品类可否下架,是否有重要品类被遗忘而应该增加。他们可以不断试验,尝试商品陈列的各种方法,甚至可以定价。他们还参观竞争对手的门店,了解其他人如何开展工作。这样,店员成为公司的专家,专业技能让他们比每名买手更占尽先机,因此有能力为买手提供帮助。店员可以联络人和顾问的身份接近他们的主管、门店经理或者同事。

这有什么不对的吗?传统主义者的意见永远如此:"他们根本无法胜任。"大错特错!他们完全能够胜任!很少有人认识到食品零售行业非常适合实施这种方法,因为店员通常是拥有一定生活经验的女性,这些经验使她们成了这些领域的行家。她们需要每天购物、为家人做饭。

第4部分 商业原则

总之,她们自己也是消费者。她们才是真正了解牙膏的专家。

因此我们大声呼吁:请拿出你的勇气!偶尔要将老办法抛之脑后。答案在于反其道而行之和拥抱新生事物!既然当下面临灾难性的状况,利润率低下,销售停滞不前,那么就应该采取行动,难道情况还会变得更糟吗?

"牙膏专家"可以是产品经理的重要搭档,并在其团队中发挥重要作用。例如,德国药妆连锁超市 DM 不再雇用传统意义上的买手,而替换成了产品经理及其团队。

以一家大卖场经营的自行车配件品类为例,可以再次说明管理大量商品所面临的问题。这些数字正是问题无法解决的症结所在。它们显示了零售商存在的巨大潜力以及大量的浪费,这些都与没有真正把握原则和细节有关。无论如何,比起与熟悉的供应商共进午餐或参加一个最新科学发现与应用的会议,这些问题更值得管理层去思考和解决。

这家利润丰厚的大型著名食品连锁店,位于德国北部的一个乡村小镇。门店面积只有 2 200 平方米,年销售额却高达 1 300 万欧元。低租金以及高效率帮助商家获得了高于平均的毛利。非食品类产品在总销售量中所占的份额,和其他家也相差无几,包括自行车配件这个品类。

大道至简

公司有 182 种自行车配件出售。货架上摆满的商品来自货架承包商,即可以直接触达用户的供应商,他们代表零售商保持库存并在缺货时重新订购。由于不用雇用多年的员工,零售商欣然接受这样的服务。此外,零售商相信承包商也是行业专家,更加胜任这项工作。然而这样做也有缺点和问题,这不仅牵涉到供应商显而易见的利己主义,而且也得不到卖场管控。如果零售商自己的员工做这项工作,但是不能应用前面描述的特定方法,情况就没有什么两样了。

首先,在不检查已有数据、不涉及深入定量分析的情况下也可以看到产品经营范围的问题。产品经营范围包括挡泥板、自行车踏板、车把和两种不同设计的鞍座。任何有骑自行车经验的人都知道,人们几乎从不更换车把以及挡泥板。但如果真想这么做,他一般会直接去一家品种丰富、服务专业的自行车门店,在更换配件的同时完成其他维修事项。合乎逻辑的结论是,这些产品不应该被摆上货架。无论如何,人们总喜欢在货架上堆放不止一件这样昂贵的商品。即使不了解具体数字,也应该能够得出这个结论。这正是诺贝尔物理学奖得主格尔德·宾尼格对"无知"(在没有获得信息的情况下工作与生活)与"创新"的联系的看法。

第4部分 商业原则

实际数据证实了我们的假设。一年之内挡泥板平均每月销售0.3件，而自行车踏板的销售量为0.9件。甚至值得怀疑的是，这些数据到底来自正常的销售，还是库存损失或盗窃？

然而，下面的数据非常明显地表明了这个问题的核心，证明经营管理存在严重问题：经营品类内182个SKU，其中56个SKU每月销量不到1件。这样的数据更符合珠宝产品，而不是日常生活中的快消商品。但是没有人熟悉它们之间的相互关系。零售商大多不太关注细节。他们从不过问产品经营范围是否太广，以及发展批发经销商有何好处。

比起总部付出巨大努力获取海量数据，接近顾客的新流程显然更加重要。麦肯锡董事彼得·巴伦斯坦可能已经认识到了这个问题，但他下面的话表明他仍未找到真正的解决办法：

> 商品管理系统产生的数据，迫使公司建立新的采购和销售分析系统。你不能简单地将这些数据扔在部门主管的办公桌上。这些数据必须经过加工处理，才能在实践中变得有用。

有了来自门店系统的数据，针对上述自行车配件示例所揭示的不平衡问题，或许能找到更好的处理方式。但是，人们总喜欢在销售分析上花大把时间。再次强调：少就是多。即使在没有数据的情况下对问题进行反思，仍然可以取代复杂的分析。"牙膏哲学"对自行车踏板和速溶汤也非常适用。

适可而止

所有业务系统、组织、沟通甚至经营会议的范围和类型，都取决于产品经营范围内的 SKU 总量。

拥有 80 000 个甚至更多 SKU 的沃尔玛、特易购和其他公司，运行方式也与 ALDI 截然不同，即使是拥有 20 000 个 SKU 的 Edeka 和 Rewe 以及旗下超市，与 ALDI 也相去甚远。连商业经济学家也没有正确认识到这种根本区别。通常，专家会对 ALDI 的成功和独特性给出过于简单的解释，一般都指向 ALDI 门店经济、节俭的内部陈设。这当然意味着不是 ALDI 所有的特点都能被照搬到其他地方。其实最重要的是基本理念，例如，对于顾客而言，每件商品都很重要，零售商必须思考如何才能有效地管理庞

第4部分 商业原则

大的库存。"牙膏哲学"是一种解决方案,供应商不得对品类范围决策产生影响的重要教训也很重要。

ALDI从未改变过其关于品类范围的铁一般的原则,即使在观察家看来ALDI经常有所动摇。如果引进25种冷冻食品,就会撤销其他25种滞销商品,因为它们不再被视为生活必需品和基本款。ALDI会对品类进行调整和更新,既有新增品类,也有下架旧品类,但长期保持SKU总数不变。

然而,竞争对手、行业杂志一再预测ALDI的经营理念正走向没落:"现在ALDI(最终、肯定且毫无疑问)会被迫扩大产品经营范围;换句话说,现在ALDI已经泯然于众人矣,不再特立独行,大家将在相同的条件下经营,ALDI多年来的竞争优势将不复存在。"但是,从不屈服于扩大产品经营范围的诱惑,恰恰是ALDI公司政策以及强大文化中最令人钦佩的成功因素之一。增加50个SKU最后真的会给公司带来很大变化吗? 50个SKU是否意味着销售额5%的增长。凭借ALDI的规模优势,仅仅在德国,销售总额就将新增20亿欧元。考虑到对销售增长的普遍渴求,这对于其他公司来说,难道不是非常诱人吗?然而ALDI永远说不!

ALDI有限的产品品类使其能够从消费者身上不断获

利，根据趋势研究者的观点，消费者希望产品更加简单、耐用、便宜、简朴，他们早就对纷繁芜杂的新产品心生厌倦了。1994年，美国未来学家卡罗尔·法默在慕尼黑举行的现代市场制胜之道（MMM）大会上发言，提到我们正在经历"少"的时代，即"少就是多"，这也意味着我们需要降低成本，降低单个商品的毛利润或利润率。

如今提供的商品种类繁多，对顾客来说不但是时间上的沉重负担。享誉世界的未来学家马蒂亚斯·霍尔茨说："消费者希望从纷繁芜杂的新产品中解脱出来。他们希望商家提供的产品更加简单、耐用、便宜、简朴、环保。"

如今，如果无须面临大量的选择，并且能确定从货架上取下任意商品都是明智之选的话，顾客会感到非常高兴。ALDI帮助顾客减轻了负担。面对货架上陈列的好几种三文鱼，要想信心满满地做出正确的选择，是多么困难的事啊！由于知道ADLI销售的葡萄酒都是经过精挑细选的，质量绝对有保障，顾客会非常开心地在ALDI购买售价3.95欧元的葡萄酒。但在另一家超市买酒可能是个大问题：一个原因是品质类似的酒定价却是6—9欧元不等。另一个原因是葡萄酒售价高并不一定质量好，所以会左右为难。如今，ALDI甚至以8.95欧元的价格销售一款法国玛歌红酒（1993年产）。根据 ALDI 竞争对手传统的计算方法，这款酒至少应该定价 17.50 欧元。另一款作为新品类被纳入常规经营范围的是在很多年前成功推出的香槟酒。这款香槟酒售价仅为 11.95 欧元，如今已经成为 ALDI 的标配产品。

成功不是由采购部门而是由商业模式决定的

从本质上讲，采购成本是零售行业最大的"支出"。常常占到总成本的 60%—80%。如果认为只要确保合理的采购价格，就已经在走向商业上的成功了，这种观点是错误的。

最终，ALDI 的成功不是像竞争对手认为的完全依靠采购，而是依靠加强销售和贴心服务的政策。甚至与竞争对手相比，ALDI 并不是任何时候都能获得最低采购价格。此外，由于零售行业根据不同条件制定了错综复杂、眼花缭乱的政策，想要进行可靠的价格比较十分困难。

许多公司对核心问题考虑得太少。下面的问题比采购价格更加重要：

> 顾客为何来我的门店购物？
> 顾客为何购买我们的产品？

这个有关营销和企业战略的核心问题适用于所有公司和机构，从汽车制造商、连锁酒店到交响乐团。这是有关公司战略方向与经营理念的问题。仅仅发表"我们希望以合理的价格提供优质的产品"这样措辞含糊的声明，是远远不够的。

很多厂商常常盲目地试图用特价来吸引顾客。采购商和供应商会晤并完成相关年度计划。如果供应商特别希望推广某一款商品，零售商就会要求以特殊价格条件（促销折扣或增加折扣）作为交换。

然而，ALDI 只会根据自身情况出发，主要考虑顾客需求，从而确定产品经营范围。供应商在产品经营范围的战略中没有一席之地，但在以供应商为中心的竞争对手中，它往往是公司唯一拥有的"战略"。因此，零售商的需求被束之高阁，它们已经成为制造商的销售部门了。尽管一线销售人员对此心怀不满，但再也听不到抱怨的声音了。似乎这种情况从未有所改变。因此 ALDI 实际上占据了明显优势。

第4部分 商业原则

欧文·康拉迪曾就这个问题给出明确的回答[1]:"我认为,对那些坚守明确使命、建立独特形象、展现非凡能力的公司和商家,顾客自然会青睐有加。"

ALDI已经满足了这些要求,无人能予以否定。其他商家的情况如何呢?所有人都忙着讨价还价,特别是麦德龙。但大多数专家所谓的"采购能力"实际上是"供应商能力",即获得较高销售数字的能力。供应商能力绝对不是采购能力的一部分或结果,尽管供应商可以给采购能力提供一定的支持。但采购能力主要包含的内容明显不同——销售理念、产品、质量、价格、选址以及营销。

成功是由"明确使命"决定的,而不是被一语道破为供应商"嫁妆"的广告赞助费用决定的。如果供应商想让新产品上架,必然会开出令人心动的条件,从而获得零售商批准。由于对资金极度渴求,零售商会要求制造商提前支付一笔款项让产品上市。然后,这些款项将被计入采购员的业绩。如果到年底,采购员累计节省了一大笔钱,那就是真正的成功。广告赞助费用不能代表采购价格是否普遍"合适"。供应商会提前将此类额外支出列入成本预算中。

---

[1] 参见1991年第19期《饮食习惯》。

大道至简

零售商在这方面的办法层出不穷，以弥补他们自身在经营理念创造力方面的不足。举例说明如下：

- 防止产品下架让利：制造商必须支付款项，以确保已经纳入零售商产品经营范围内的产品不会被下架。

- 新产品上市返佣：制造商新产品想要上架，必须支付此笔款项。

- 周年庆费用：如果零售商举行周年庆活动，无论是10周年还是35周年庆，供应商需要支付款项作为周年庆礼物。如在90周年庆来临之际，Edeka向制造商发出捐助呼吁，通知如下："如果您向我们一次捐助25 000欧元，周年促销活动将如期在今年秋季举行。"

- 全新配送中心开业补贴：开设一家全新配送中心将花费零售商大量资金，这也需要制造商提供赞助。

- 海外扩张资助：如果供应商希望远销海外的正当想法得以实施，即产品能够在海外销售，那么最好做出投资。

- 门店延长营业时间费用：德国法律最新规定，允许零售行业营业时间从傍晚18：30延长至20：00，这为供应商提供了"巨大的机会"，其商品在零售商货架上"展示"的时间增加了1.5小时，因此需要支付费用。

第4部分 商业原则

·销售中断赔偿：因未正常交货或延迟交货（而门店刚好没有库存）造成销售损失，需要供应商做出赔偿。但由于很难证明并量化其中的因果关系，零售商不得不要求一次性支付赔偿[①]。

·接班让利：这是零售行业的最新发明。据1997年5月30日出版的德国《食品报》报道，为了表彰生意"从老一辈顺利移交给下一代"，特格曼口头要求制造商给予埃里文·豪布的儿子卡尔·埃里文接班让利。

·未来奖金：这是"纽伦堡商业联合会"的发明。合作关系十分勉强的家居用品长期供应商，需要支付一次性奖金，为未来战略重组时不被淘汰做出努力[②]。

与上述相比，一些常规折扣听起来最是无害：

·现金支付折扣；

·数量相关折扣；

·商品 SKU 组合折扣；

·单品现金付款折扣；

---

① 参见1997年第18期参见德国《焦点》杂志。
② 参见1997年8月22日版《食品报》。

- 延误商品报酬；
- 主题活动折扣；
- 延误津贴；
- 促销津贴；
- 绩效报酬；
- 核心供应商报酬；
- 最小投诉报酬；
- 产品品种扩充的报酬；
- 货架空间增加的报酬；
- 媒体报道相关报酬；
- 娱乐装补；
- 订购补贴。

由于担心丢掉生意，制造商不得不向零售商屈服。原因往往是其产品很容易被替换，不能给消费者带来独特的使用价值。简言之，供应商不能明确回答零售商产品上架的理由。创新产品自然供不应求。像费列罗巧克力这样的公司，由于不断开发、勇于创新、满怀热情，因此产品畅销、利润良好，并能够在零售商面前保持强势地位。除非你能够成为另一家像费列罗这样强大的供应商（旗下拥有健达奇趣蛋巧克力、能多益榛子酱、樱桃酒心巧克力、榛

第4部分 商业原则

果威化巧克力、椰蓉杏仁巧克力等畅销产品），否则你可能会束手无策。

以上种种令人难以置信的让利政策，通常很难从所谓"零售行业疲软"中找到深层次原因，毕竟德国零售业销售总额高达1 200亿欧元，从业者人数超过五万。我们认为，真正的原因在于战略问题——领导力和组织力都很低下，并且没有充分发挥员工的创造力。根据安达信咨询公司的一项研究[①]，德国企业中高达40%的员工得过且过、工作心不在焉，对公司的发展和未来漠不关心。ALDI 绝不奉行这种"让利政策"。在采购员竭尽全力获得折扣后，采购价格就会被敲定。ALDI 专注于基本任务，特别是顾客需求，以及公司的直接使命。

不同零售政策带来的结果天差地别：

> 高昂的广告费用 + 疲软的使命 = 小成功
> 低廉的广告费用 + 强大的使命 = 大成功

1994 年，伯恩·比尔在《食品报》的一篇题为《应对挑战》的文章中写道，"德国企业采购部门大权独揽，数

---

① 参见 1997 年 4 月 17 日版《经济纵观》。

十年来已经发展成为零售行业最关键的部门。企业根据毛利率、进价与售价之间的价差来评估采购员的绩效"。

很显然，许多公司的采购员对售价拥有最终决定权。然而在ALDI，售价是由公司高管与区域总经理一起，召开总经理会议决定的。

几年前，德国折扣店Plus推出了一项全新战略。他们决定专注于"毛收入"和"周转率"两项绩效指标，而不是顾客反馈。毛收入指销售价格与采购成本之间的差额。假设每件商品的采购价格相对固定，则Plus只能通过两种方法来提高毛收入。第一种方法是提高售价。但实施起来似乎有些困难。第二种方法是调整产品经营范围，因为毛收入也是所有商品的销售总额。然而，如果只从毛收入的角度看待所有问题，认为顾客无关紧要，那么最后能否取得真正的成功也是值得怀疑的。

更加令人难以想象的是，提高周转率究竟意味着什么。笔者很难将确定周转率和库存比率视为主要战略（每月库存周转率：月销售额1 000万欧元、库存200万，意味着每月5次的周转率）。在良好的物流条件下，当然必须优化库存、促进销售。但问题是如何真正实现目标呢？必须将战略考虑聚焦在顾客身上，而不是其他方面。

由于长期缺乏从顾客利益出发的反思，加上抽象模糊的目标，后果就是让制造商积极开展促销活动，其商品展示和吸引眼球的布置与门店总体布局发生冲突，干扰了运营秩序。促销活动一旦结束，供大于求的商品最终将被塞进门店仓库或挤在普通货架上。这种重复性促销活动已经延续数十年，其根源在于零售行业并没有理解什么是真正成功的因素，并对 ALDI 的传奇式成功进行了错误的"解读"。

如今，许多公司在大力讨论并推广贴心服务顾客的全新组织形式。凭借"有效顾客响应"与"品类管理"等最新流行概念，商业思维模式似乎正在改变。尽管有效顾客响应这一概念已经人尽皆知，但其能否给经营带来真正的改变仍然值得怀疑。

有效顾客响应

有效顾客响应通常是指制造商与零售商之间对商品和信息进行整体的协调和控制。ECR 系统包括：

- 优化产品经营范围；
- 主题促销活动；

> - 产品推介；
> - 制造商促销理念；
> - 全面顾客管理；
> - 持续进行产品供应数据的交换。

应当通过电子数据交换（EDI）对供应链进行管理、控制优化以及文本化。通过门店先进的扫描仪收集起来的数据有助于构建优化供应链的基础。在这种背景下，人们热衷于现代化空间管理（门店营业空间、加强货架管理）和设计产品经营范围的最佳平衡状态。其目标是通过最佳的顾客供给与最佳库存，发挥双方的剩余潜力。ECR 的基本理念是为共同的顾客和消费者提供更好、更快、更廉价的优质服务。

人们逐渐认识到零供双方联合行动的优势，但随之而来的是如何以"公正"的方式分配所得。据专家估计，价值链的优化潜力在总销售额的占比能够达到 7.3% 甚至 10.8%。如果从零开始启动，即使制造商和零售商平分这笔款项，零售商至少可将利润再提高两倍，并留一部分给消费者。

欧洲有效顾客响应委员会由生产商和零售商代表组成，他们在官方记分卡中列出了共 14 个概念，构成标准

第4部分 商业原则

化考核清单。ECR相关咨询机构坚称:"零售商想方设法实施与ECR相关的组织变革,并减少内部摩擦造成的损失,他们将来必定获得成功。因此,引入ECR需要公司在推进变革和管理冲突方面具备丰富的经验。"如同被业界所熟悉的许多其他概念一样,尤其是关于"直接产品盈利"(DPP)的讨论开始以来,ECR又重复了一遍品类管理方面的内容,专家的评估可能有夸大成分。ECR的概念和具体实施只不过是关注日常细节。诸如"渠道营销正成为与零售商的业务关系界面""品牌聚集的营销跃迁为品类计划"等论述究竟是什么意思呢?优化潜力在销售额的占比真的可以达到10.8%吗?言过其实的口号造成了混乱,对公司的发展几乎毫无助益。

开发ECR这种概念的真正原因是什么呢?我们怀疑是由于公司缺乏见解和信念。它们或者缺乏明确的战略方向,或者缺乏以目标为导向的明确领导力,或许在管理上缺乏必需的文化元素。无论如何,它们一直都忽略了"零售意味着细节"这个重要观点。这个观点也适用于其他行业和经济领域以及生活中的方方面面。

缩短顾客等待时间也已经是陈词滥调。为了确保外箱与托盘的尺寸协调,标准运输包装已经执行了很长时间。电子数据交换也已运行多年,完全可以对其进行标准化处理。零售商与制造商针对供给率、库存、交货期以及订购技术等达成一致，也都不是什么新鲜事。零售行业始终通过上述手段优化库存。另外，双方都通过削减物流成本（牵涉到供货率与数量），来降低商品价格。当然，零供之间的协议和讨论还能帮助供应商优化生产与库存。

因此，ECR 除了方便上口的叫法之外，不过是精益原则在制造商和零售商合作中的具体应用。但它其实不是要实施全新的系统，而是对许多环节进行串行或并行、合并或独立的细微改进。

这里我的建议是：竭尽全力，像 ALDI 和爱因斯坦那样，一步一步摸索着前进，最终必然会找到答案。不要试图构建任何复杂的全新系统。大量 ECR 会议的重要性甚至还不如通过娱乐消遣来减轻管理压力。1997 年举办的第二届 ECR 大会邀请到了演讲嘉宾伊格纳西奥·洛佩兹，他将在德国大众全力推广精益系统，并将其发展成了 KVP-Kaskade 体系，一时风靡业界，大会吸引了 1 600 名工业和商业负责人到阿姆斯特丹参会。此次大会成为欧洲有史以来规模最大的行业盛会。1 600 名行业代表显然都抱着改善工商关系的美好希望。一个积极的意义是，大家都希望经营有所改善，付出有所回报。"合适"的系统肯定优于周年庆典或者返佣与让利。只是，在许多公司这根本行

第4部分 商业原则

不通,返佣与让利仍将长期大行其道。

因此,德国卫生化妆品市场的龙头老大施莱克曾经向制造商宣布,他们已经成功引进 ECR 系统,这意味着拥有了高效的物流系统,也意味着他们希望获得供应商更大的支持。但也有许多人认可全球护肤专家——拜尔斯多夫公司——的运营总监尤尔根·西费尔德所说,ECR 与经营条件风马牛不相及。尽管他言之有理,但从阿姆斯特丹举行的 ECR 大会上听众的消极反应来看,他的观点并没有赢得多数人的认同。

如果真的想要改善制造商和零售商之间的关系,在年度讨论和采购谈判中努力制定最佳方案,远比笨拙地去抓住新科技更加有益。

另外,合作中适当的冒险与深入的讨论非常有用。合作双方建立信任并在信任的基础上开展谈判,务必充分运用哈佛大学的理论(努力帮助对方解决问题,表明本人的意图,从不隐瞒动机,以双方期待的方式进行会议谈判),从而取得良好的结果,只有这样才是明智而必要的。从这种意义上讲,像 ECR 和品类管理的努力都值得欢迎,有助于将行业的注意力吸引到如何不断改进上去。

然而,全新 ECR 所声称的作用是非常值得怀疑的。经常被引用的关于批量商品的关联折扣,比如订购整辆半挂车或整托盘商品的好处等，其实都不是什么新鲜事。

SKU 数量才是更加有效的变量，能对所有相关收支产生更大影响。经营流程中的许多细节都可以通过 ECR 进行处理，并且得到改进，但决定性的因素是产品经营范围的优化，ECR 支持者称其为"有效品类"。为了联合起来实现品类优化，参与方要进行商讨。在品类优化实验方面，零售商拥有全部决策权，而制造商只能通过定价对这些决策产生影响。

但可以想象，基于扫描仪数据的优化最终会彻底失败。理论上讲，能够产生的组合数量将会有无限多：不同产品、不同制造商和各种品牌、同一公司的不同门店业态以及不同时间、不同地点顾客的不同购物习惯，凡此种种，根本无法进行优化管理。那答案究竟是什么呢？依靠大力推行去中心化和授权。将爱因斯坦的名言"前进的道路是摸索出来的"以及 ALDI 严格坚持简单的原则相结合，与自身的经营原则与优先事项一起，构建我们成功的基石。假如是以"少就是多"甚至更一步"适可而止"的理念，对基本数据进行复杂处理，扫描仪数据还是可以带来很大帮助的。

例如，ALDI 坚持实行被 ECR 系统称作"越库配送"的方法已经将近 30 年了，这是 ALDI 配送中心员工的创新，是本着遵循精益的原则，一心追求细节解决方案，经过多年发展与调整形成的。ALDI没有派代表参加在阿姆斯特丹举行的ECR大会，这实际也节省了2 000欧元的差旅费用。

ECR的"越库配送"概念是在零售商仓储系统内缩短供应链的一种方式。收到的产品在配送中心停留不会超过24小时，然后绕开所有中转仓库，直接运抵门店。理想的状况是，在配送中心，产品直接在停靠点从送货卡车转移到门店装货卡车上，即"越库配送"。针对饮料、糖果、鸡蛋等高周转的托盘货物，ALDI已经实行这项政策很长时间了。ALDI称之为"开放式堆放品类"。货架与配置方面的优化是低成本理念的重要组成部分。在便于托盘轻松作业、方便装运包装方面，ALDI始终先人一步。这种方法被称为ECR，咨询顾问借此可以赚取大笔佣金，而ALDI其实早已付诸实施，不论又提出了什么新概念。

品类管理

品类管理是指对产品经营范围进行专门管理，通常被视作ECR的一个重要组成部分。ECR欧洲委员会将其定义为："由零售商和制造商合作开展的流程，将产品品类提高到战略高度，通过增强产品对顾客的实用性来提高销售额。"品类管理也变成了一门科学。品类管理主要涉及采购组织以及供应商与销售之间的合作。其目标是改善顾客关系、扩大购物数量、提升短期营业额。零售商的"品类经理"与制造商的"品类领队"合作，对品类运行全程负责，其中包括采购、营销、陈列、物流、销售以及信息技术的应用。实际这些都与制造商无关。通常零售商需要管理成千上万种商品、各种品类、新产品推广以及各种促销活动，却试图通过品类管理帮助解决这些难题。但品类管理本质上既不是什么新鲜事，也不能真正解决相关问题。如今品类经理所面临的问题，以往是由采购员、运营总监或区域总经理来解决的。通常采购员也是按照品类进行采购。唯一缺少的流程是从商品源头到门店。每位采购员从采购到销售包括定价，全程负责某个品类。类似于制造商的产品经理。另一家德国零售商 Plus 还设立了初级和高级品类经理，但是这样就能够解决问题吗？

ALDI 并没有像这样在复杂系统和开发思维上大费周章。但这并不意味着他们尚未意识到其中的关联。恰恰相反，ALDI 早在数十年就已经将 ECR 和品类管理的大部分思想付诸实施。

尽管在方法上与品类管理非常相似，但"牙膏哲学"却成功地将许多相关任务转移到了门店。像其他公司一样，ALDI 通过拥有品类意识的采购员开展工作。采购与销售之间的根本冲突，由级别在他们之上的主管来最终决策解决。ALDI 经营有限品类是一种根本性的解决方法。这意味着每个 SKU 相对而言都非常重要，完全没有必要对所有品类进行统一决策。

正如本书第 1 部分所述，ALDI 一直致力于面对事实并进行必要的操作。精简人手将 ALDI 从非必要事务中解放出来。一线经理可以更好地专注于本职工作，而不是忙于制定理论概念，他们只对那些与业务实践切实相关的信息感兴趣。

广告就是为了通报客户

ALDI 的广告成本被控制在销售额的 0.3% 以内（根据仅存的预算资料），这也显示了其成本意识。0.3% 意味着 20 世纪 90 年代在德国境内的广告花费高达 5 000 万欧元，但在销量相同的情况下，竞争对手的广告开销高出 ALDI 1—2 倍。

ALDI 广告为顾客提供有关产品价格和质量的信息，让消费者能够更好地对 ALDI 与竞争对手的产品进行比较，获得产品差异化方面的信息。

　　ALDI 从不模仿与品牌制造商相关的广告，也不会向天空放一大堆五颜六色的气球或者对传单、广告进行特别设计。ALDI 在广告方面与在其他事情上一样奉行极简主义原则。ALDI 甚至从未与广告公司合作过。ALDI 唯一一次与广告公司合作竟然是为了收取报纸的佣金。ALDI 的广告和海报都由员工参与制作完成，可以说是依靠员工自己的创意，完全不采用广告公司乏味的陈述。ALDI 的一名管理委员会成员曾经专门负责并参与广告、传单的内容与格式的开发。

　　ALDI 发布的广告与声明始终反映了公司经营理念的实质内容。其广告内容包罗万象，ALDI 甚至在一份传单中罗列了 200 条价格信息。

　　以下是 ALDI 报纸广告与传单中包含的一些典型内容。它们对于明智的消费者而言合情合理，同时与其他以特价商品和超炫图片为重点的广告形成鲜明对比。然而，最近一段时间，ALDI 开始在广告展示方面有所改变，重点转向为通过非食品类特价商品吸引潜在的顾客。他们甚至开始制作彩色报纸广告，这在以前是绝对无法想象的。

第4部分 商业原则

来自 ALDI 传单的广告信息

"我们决不向顾客开空头支票。空头支票不能赢得顾客的忠诚。因为信任,所以忠诚。每多购物一次,信任就增加一次。"

"我们门店的所有商品都物有所值,门店价目表包含多达200个产品的单独价格。"

"我们对质量的保证使顾客每次购物都是安全的选择。如果你对购买的商品有任何意见,简单一句'我不喜欢'就足够了。我们会欣然接受退货并立即返还货款。"

广告背后的基本理念是,用包含多达200种商品的价目表激发消费者的信心,即使并不指望顾客能够记住所有内容。

1977年,折扣行业新进入者——莱布兰德集团所属Penny连锁超市(如今归属于德国Reve集团)——发起了特殊的广告竞争。同年9月16日,Penny通过报纸和橱窗刊登广告标语:"没有人比Penny价格更低、质量更好。"

ALDI立即使用对比广告这一德国明令禁止的广告策略做出了回应。当时,这是一场战斗,一方是克劳斯·维根特代表的Penny,而另一方则是ALDI管理层(奥托·胡伯纳与迪特尔·布兰德斯），他们得到了总部的支持。ALDI管理层对此非常恼火，但也感觉挑战如同体育比赛一样令人兴奋。ALDI立即发布广告奋起还击：

"没有人比ALDI价格更低、质量更好。"

这是位于赛费塔尔市2105号的Penny连锁超市，在其广告和醒目的橱窗海报上所宣称的。我们对于竞争对手的表现非常欣赏，但让我们来仔细看看：

"没有人比我价格更低！"

真是如此吗？我们发现以下列表中的50种商品，价格高于ALDI（还列出了50种商品在两家零售商门店中不同的价格）。

例如：

500克亚麻籽卷ALDI	0.89马克
1升装AmselfelderALDI	3.48马克

"没有人比我质量更优！"

这里也以同样的方式举出了例子。例如，ALDI部分商品的沥干物重更大。

最后双方通过电话进行了一次友好交谈，莱布兰德总部高管克劳斯·维根特承认这种宣传方式非常不妥。双方就此言和,问题得到解决,之后 Penny 再也没有故伎重施过。

注重事实、维持公平一直是 ALDI 广告的基本规则。消费者应该也对此赞口不绝,只是 ALDI 自己从未明确调研过这一点。

与供应商打交道:始终如一、保持公平

就像对待顾客一样,ALDI 与供应商维持良好的关系长达数十年。与许多人的想法不一样,ALDI 原则上不与供应商签署任何长期协议。许多人认为 ALDI 会签署这样的协议来锁定供应商,然后向他们施压。大错特错!杂志 Stern 认为这些"吝啬鬼"正在不断给供应商施加压力,显然也是错误的。对于 ALDI 来说,最重要的是供应商能够持续不断地提供优质产品,其次是尽量保持价格方面的竞争力。

如果质量低于约定标准,随之而来的就是非常简单的制裁措施。之前向 ALDI 20 家配送中心供货的制造商因此可能会减少 5 家供应资格。只有在质量低劣的极端情况下,供应商才会彻底丧失供应资格。按照区域配送中心进行资

源配置的原则也使 ALDI 能够不断测试并逐渐发掘新的供应商。

ALDI 从来没有打算让供应商很大程度甚至完全依赖自己,虽然很明显这样能够对供应商施加更大的影响或者压低价格。但与之相应地,ALDI 作为客户也会依赖供应商。供应商产品质量的波动,出现比如产能故障等各种内部问题,都会对 ALDI 产生影响。即使是制造商自身原因造成的倒闭,也很容易被外界归咎于 ALDI。因此,必须设计明智的备选方案。

如果供应商市场由数量庞大的各种公司组成,那么对于零售商来说就非常有趣了。公司只有在利润足够丰厚的条件下才能够长期生存,因此,让合作伙伴陷入财务困境(哪怕是朝这个方向迈出一步)或者扼杀其对合作的兴趣,其实根本没有意义。如何确保供应商的生存空间,多年来一直是制造商与零售商经常讨论的重要话题。除了抑制通货膨胀,ALDI 在这方面也产生了积极的影响。

举一个例子,看看 ALDI 是如何面对一家面包供应商 Geschi 公司与其老板霍斯特·希瑟的相关问题的。几十年来,希瑟一直是 ALDI 的一个可靠的供应商。德国统一后,错误的投资决策很显然使其资金捉襟见肘,希瑟为 ALDI 多达 1 100 家门店提供面包,但是之后出现了很大的资金

第4部分 商业原则

压力。考虑到Geschi这之前一直以来的良好表现，ALDI最初表示理解并采取谨慎的反应。ALDI通过慷慨的付款条件给予Geschi账务支持，调整先前的付款条件及其惯常的最后付款期限，同意货到即付甚至提前付款。以这样的方法帮助希瑟。但管理不善最终使该公司倒闭。希瑟当时对ALDI门店的供货情况已经非常糟糕，总共11款面包，其中只有6种按时交付。当ALDL业务受到严重影响时，ALDI最后不得不终止了与希瑟的合作。

众所周知，ALDI在业内是一个公平、可靠的合作伙伴。业界曾经爆出的丑闻从来不会和ALDI沾边。如今，每当德国一家大型食品零售商收购另外一家小型企业时，都会在食品行业引起剧烈震动。大型公司会马上将被收购公司的采购条款与自身进行对比，改善采购条件或者依靠新的巨量采购进入谈判，这些都在可接受的范围内。但随后发生的事情就有些让人无法接受了：如果被收购的小公司的采购价格低于大公司，那么大公司可以无条件地要求追回自己两年内由于价差多付的款项。有时候它们甚至会立即从下一个账单中减去相应金额。这纯粹是渠道霸权，严重背离了公平贸易原则！这也许是因为小公司的设施不同从而使其物流成本比大公司高，或者仅仅是因为大公司的谈判能力更强。任何时候，制造商都容易犯这样的错误，即向大客户承诺最优惠的条件从而提高自身吸引力。但如果任何一方言而无信、缺乏信誉，最终双方都会付出高昂的代价。

而与ALDI长期合作的供应商都清楚，ADLI绝对不会像这样进行重新谈判。

没有什么比1976年8月20日出版的商业期刊 *Extrakte* 表述得更加明确了：

> 很显然，银行与制造商都给予ALDI积极的评价。ALDI不仅付款及时而且是一个公平的合作伙伴：
> - 价格一旦确定，就不会重新调整；
> - 不会事后要求新的折扣；
> - 从不提出不合理的投诉；
> - 供应商可以保持合理利润，不会被吸干。
>
> 众所周知，ALDI需要优秀的、能干的供应商，ALDI既然要让他们得以生存，也就意味着要让他们能够赚钱。然而，那些被指定的正式供应商必须随时做好交货的准备。如果产品销售迅速而且风靡一时，ALDI需要立即补货，那么供应商就必须竭尽全力，绝不能含糊。这是我反复听说并且不断确认过的。

第4部分 商业原则

但实际上，太多零供关系不是这样的。雀巢公司前CEO赫尔穆特·毛赫尔曾非常遗憾地表示，没有人写关于如何与供应商打交道的书。他补充道，实践中应该引用德国著名哲学家伊曼努尔·康德的观点——已所不欲，勿施于人。

归功于长期合理的价格以及良好的产品质量，许多最初规模很小的供应商，如今已经跟随ALDI一直发展成了真正的大型公司。大批进口代理商在其中也帮了大忙，并因此获利。与不动产经纪人一样，代理商不断寻找新产品、新制造商。他们为ALDI检查产品质量、制造商产能以及价格。这使得ALDI仅凭少得可怜的、只有6个人的专职买手组成的采购部门，就能够管理600个SKU（ALDI北方）。降低采购人力成本，尽管理论上很重要，但其实并不是出发点。更加重要的原因是小型团队不需要复杂的工作方式，这样内耗很小。通过代理商进行采购，ALDI的进价是否高于正常范围，这个问题很难得到肯定的回答。

几年前有贸易期刊刊文表示，ALDI希望取消与代理商的贸易协定，转而改为自行直接采购，以增加利润、提高收入。由于发现数个采购员利用与代理商打交道的特权而牟取私利，有迹象表明ALDI试图放弃以前做生意的方式。对个别不合格代理商进行处罚是理所当然的，但我们务必提醒 ALDI 不要轻易放弃这个非常成功的经营原则。当然，对部分长期合作的代理商大肆行贿充满愤怒和失望，也是 ALDI 对代理贸易模式进行全面反思的决定性因素。

公司员工特别是在采购方面的腐败，是甚至包括 ALDI 在内的所有公司必须面对的问题。ALDI 毫无疑问地处于行业领先地位，采购员们又手握重金——中央采购部门的买手，根据所负责的 50—100 个 SKU，每年采购额高达 10 亿—20 亿欧元。在这种情况下，部分供应商无疑会认为，私下给予采购员少量补贴，就可以起到润滑关系的作用。

想要提前将潜在的腐败降到最低似乎不大可能，更别说完全消除腐败。根据职位和专业知识给采购员支付工资，不可能把工资提高到高薪养廉的水平。谈判时采购员需要得到主管的信任与批准，ALDI 没有采取任何特殊的预防措施，因为很难找到更加明智的方法，信任与批准是最重要的；如果无法给予信任和批准，采购员就不可能成为令人信服的谈判伙伴，其创造力也会受到影响。

改进谈判，更加成功

从 ALDI 与供应商的关系中，可以推断出普遍能够改

第4部分 商业原则

善零售商与制造商之间关系的办法。最好将目前的谈判方法暂时置于一旁，把更多的精力放在事实本身上。如果想要长期合作，一味施加压力或者像玩扑克牌一样精于算计绝非上策。前文所提到的哈佛理论是成功谈判的指针。其中最重要的原则是，双方都愿意在未来继续进行合作时，谈判才能成功。

根据我们的经验，以下几点对于与供应商开展成功的谈判至关重要：

- 取消供应商与零售商之间固定的年度谈判。随机选择谈判时间，甚至出其不意。问题一旦出现应当立即处理，不应直到最后期限才开展谈判，从而造成双方的压力。制造商和零售商应该就行列产品品类定期举行会议。
- 事实上，每一次年度谈判都是战略性会议。一旦管理层和采购部门确定了战略与战术的立场，买手就会独立自主地进行讨论，并且对谈判结果承担全部责任。这些最终决策都由采购员做出。
- 谈判之前，采购员不应预先设定利润目标，而需要有一些概念性想法（例如更换供应商、商品等类似问题）。首先必须对概念性想法与具体措施进行明确区分。

前文阐述的"牙膏哲学"可以提供帮助。

- 几乎每家供应商都期望销售额可以增加20%—50%。问题是如何达成协议并且真正实现增长。需要对概念、备选方案和选择余地进行深入讨论。

- 销售总是比利润排在更为优先的位置。大家都清楚，公司运营成本与净利润最终是由毛利润所覆盖的。但是，销售才是与顾客建立关系的基础。采购员与供应商必须着重关注消费者的利益，其他都是短视的行为。

- 采购员、供应商与合同条款，不应全权决定产品的经营范围。

- 合同条款不得对采购的体积和数量造成压力。原则必须是：全部由顾客（针对其购物选择）自己做决定。购买数量与折扣率都不会产生影响。

- 直到确认所有的条款今后都能真正付诸实施，才最终签订协议。寻找物流合作与优化模式。也可以将ECR作为思路。

因此，合同条款并不是决定ALDI与供应商关系的唯一条件。拥有自有品牌的公司需要对制造商充满信心。这通常是由多年业务互动来推动的。然而，合作之初，ALDI显然需要对其进行系统的指导，其中涉及对质量的高水准要求、产品尺寸与包装设计、卫生保障能力、可靠的生产工艺等与供应商生产能力相关的问题。新的供应商都务必清楚 ALDI 的期望值。他们向同行虚心请教,为与以前完全不同的零售行业合作关系做好准备。ALDI 的所有供应商都将了解到一件非常重要的事:重新谈判之前,ALDI 不会试图升级双方已经达成的条件。ALDI 十分愿意与精明强干的制造商保持长期合作,由此双方形成相辅相成的关系。但并不是所有的零售商都这样想。

只有成本优势才能形成价格优势

成本管理与成本结构是成功的决定性因素。这些因素决定了公司管理层及其员工在多大程度上能够处理各种细节问题。Penny 前 CEO 埃米尔·海因茨在 1996 年《食品报》举办的主题为"德国折扣行业"的会议上强调:"没有什么是比价格更重要的了。价格优势只属于那些拥有成本优势的人。"

ALDI 在成本管理与成本结构方面的做法,可从以下几个经营实例中得以窥见。聪明的成本管理是任何折扣店体系正常运行的重要前提。ALDI 从不僵化或短视地直接给出将某个 SKU 成本降低一定百分比的指令，也从不强制要求削减成本。价值分析的基本思路发挥了更大的作用。进行价值分析时，公司会基于业务运行的重要性或必要性的背景，对某些业务单位或成本单位进行检查，并去除不必要的内容。公司战略始终是成本管理的衡量标准。在削减战略开支方面必须谨慎行事。例如，设立客户服务人员是公司重要的战略举措，那么减少这一领域的任何人员都需要三思而后行。近年来，百货公司不断面临抉择：削减高昂的人力成本，是否会对客户服务造成损害？例如，每当涉及解决顾客排长队结账的问题，ALDI 总是左右为难，毕竟排长队只是偶尔发生的情况。

世界上最快的收银员

ALDI 的收银系统本身就很能说明问题。与以前一样，如今世界上也没有哪一家零售商的收银员比 ALDI 收银员更快了。即使在 ALDI，排长队结账也可能是顾客投诉频率最高的问题之一。而《食品报》在顾客意见本上收集了大多数顾客的看法："队伍前进非常快。虽然排得很长，但前进速度很快。速度超级快。我不知道为什么，但事实就是这样。"另一位客户甚至说 ALDI 收银员拥有"电子大脑"。

以前,收银员务必记住所有价格,后来他们只需要记住每个产品的三位数编码。一般来说,尽管顾客会尽快装袋,但还是跟不上拥有"电子大脑"的收银员录入价格的速度。ALDI 收银员两周内几乎能记住所有商品的编码。对他们神奇表现的简单解释是,一遍又一遍重复录入单品价格。

竞争对手没有像 ALDI 那样可靠的 POS 系统。通过对几家连锁超市进行调查,对比门店的价格标签与收银员录入的金额,结果显示只有 ALDI 的收银员表现最佳,没有任何差错。这一点也让顾客对 ALDI 倍加信任。

后来商品编码投入使用,其他零售商开始使用扫描仪。这种系统只适合品类数量相当少的公司。与第一代扫描仪相比,当时 ALDI 的收银系统具有明显优势。由于收银员不需要小心翼翼地将扫描仪显示的代码录入系统,因此 ALDI 的结账流程显然更快。商品还远远地停留在传送上带时,收银员就能够录入价格。因为不需要扫描仪,而且不容易发生故障,ALDI 收银系统的成本大大降低了。同样,ALDI 有限的品类数量对于这样明显的简单解决方案显现了优势。由于支付货币从德国马克改成欧元,ALDI 南方不得不放弃原来的收银体系(每名收银员记住所有商品的价格)。他们没有采用 ALDI 北方的收银系统(每名收银员记住商品编码后三位数），而是选择了扫描仪系统。在扫描这一环节上，后来 ALDI 找到了一个新奇的方法，这是包括沃尔玛在内的其他大型零售商都未曾想到过的，就是要求供应商在产品包装上三四个不同地方印上条形码，使扫描仪能够更快地扫录到条码。

ALDI 之所以拥有如此强大的创新能力，是因为其经理专注于业务基本要素。

但是，如果没有能干的员工，这套体系也无法正常运行。没有哪一家零售商像 ALDI 这样拥有操作如此熟练的员工。经验丰富的 ALDI 收银员得到了业内最高的工资，每月收入高达 2 500 欧元。

防止失窃

自助式零售门店商品失窃造成的损失很高。部分公司的失窃率甚至高达营业额的 1%。按照这个比例，仅仅在德国 ALDI 就会损失 1.25 亿—2.5 亿欧元。但 ALDI 想方设法将失窃率控制在最低。专注于细节也是此项工作成功的关键。在 ALDI 门店，货架后面设置了监控通道，以便员工全面地观察顾客，从而防止失窃。监控通道安装在狭窄的货架后面,用木板隔开,并配有一个单向透视的镜面小窗。门店经理办公室的墙上也有一面单向透视的镜子。

门店内饰与商品陈列

人们通常认为,销售心理学是 ALDI 决定商品陈列的基础,认为 ALDI 故意将门店装饰得如此简单,其目的只是给人造成节省成本的错觉。这些看法是错误的。ALDI 从不关心自己在其他眼中的印象。ALDI 关心的重点是成本,此外就是给顾客提供诚实的报价,没有任何"作秀"的成分。顾客相信 ALDI 天天保持低价,这就是每天在发生的事。ALDI 门店内部装饰的标准是只采取实用、耐用以及低成本的材料。在尽可能的情况下,货架、过道宽度甚至门店的长、宽,都完全根据物流相关要求(外箱尺寸、托盘大小、叉车所需机动空间以及类似事项)来决定。

零售行业通常将高价商品或者利润较高的商品放在显眼的位置,将糖这样的低利润商品放在最下面的位置,让顾客不便选择,甚至难以发现。另外,ALDI 仅仅出于物流方面的考虑,将商品放置在货架和托盘上。如何展示商品不是 ALDI 考虑的因素。在精心设计的采购流程框架内,货架空间与位置是由每周销售需要、商品特征以及交货频率来决定的。

采购流程本身简单到超乎想象。与丰田和其他日本制造商使用看板系统进行管理一样，ALDI 采购流程的基础是："商品卖掉才补货。"

物流

ALDI 的卡车给门店配送货物采用完全不同的方法，从中可以看出 ALDI 北方和 ALDI 南方之间存在的有趣的差别。一方面，ALDI 南方的卡车上没有升降平台，但所有门店都设置了装卸平台。而另一方面，ALDI 北方只在方便操作的门店设置装卸平台。这就要求所有卡车安装升降平台。如今将门店设立在城镇边缘成为一种趋势，因为随着销售额与顾客数量持续增长，需要提供更大的停车场所。在 ALDI 北方，这种门店位置政策也意味着对卡车升降平台的需求变得很少，这就大大降低了运输成本。但由于每天必须对车辆进行适当分配，在一定程度上增加了配送的复杂性，因此需要建立混合车队。

如果要增大门店设置坡道的可行性，就会提高门店租赁的限制条件，因此可以说，很难将这两个物流系统之间的差异进行量化比较。城镇边缘的新店很容易建设装卸平台，但城市内部的大量门店受条件限制排除了这种可能。

从这种情况，我们也可以清楚地看到 ALDI 南方与北方之间严格的区别。它们没有必要煞费苦心地达成一致，而只需要观察对方在不同系统条件下做得如何。许多情况下，在遵循原则与降低成本方面 ALDI 南方始终如一，而 ALDI 北方则表现得更加灵活。

维修工工作表

前来门店开展电气维修的维保公司，需要在 ALDI 专门的表格上记录工作时间。此表格最后由门店经理签名，待以后用于成本核算与控制。对于处理大家都熟悉但又经常出错的问题，这是一个简单的方法，现在其他公司也在采用。

员工绩效与生产率

有一些超市每月人均销售业绩仅有 10 000 欧元。而

ALDI业绩较好的门店人均销售业绩高达100 000欧元。这可以从不同的产品经营结构与范围中找到原因。而在年收入增长方面的差异也非常有趣。ALDI认为，员工工资增长越快，对ALDI自身越有利。

可以举个例子证明这种观念。表4-5展示的内容是基于全行业协商情况下工资增长6%的假设，而这在过去多年都得以实现。

表4-5 ALDI与竞争对手工资对比

	ALDI	竞争对手B
工资上涨前		
总销售额（百万欧元）	40.000	40.000
工资总额（百万欧元）	1.200	5.200
占销售额的百分比（%）	3.00	13.00
工资上涨后		
工资总额（欧元百万）	1.272	5.512
占销售额的百分比（%）	3.18	13.78
利润减少（百万欧元）	0.072	0.312
占销售额的百分比增加（%）	0.18	0.78

零售行业税前平均利润通常占销售额的10%。如果工资正常增长，竞争对手将损失大部分利润（可能为50%）。

但是，要想在扣除增值税后保持以前的利润，就必须全面提高商品价格，具体数据如下所示：

> ALDI ··· +0.20%
> 竞争对手 B ·· +0.86%

因此，ALDI 在性价比方面再次领先。当然，竞争对手会采取差异性提价，例如肉类与奶酪价格的涨幅大一些，而与 ALDI 直接竞争的产品涨幅小一些。

ALDI 门店的经营原则

一份关于 ALDI 成功要素的总结早已不是秘密。只是有没有能力做到的问题。卡尔·阿尔布莱希特早在 1953 年就讨论过这种思想。各种关于 ALDI 的总结几十年来一直被持续传播。

ALDI 门店的经营原则

长期保持优质低价！这句话简明扼要地总结了 ALDI 成功的目标和秘诀。然而，在这句话的背后，隐藏着许多规划、组织以及细节工作。ALDI自我设定的任务就是以尽可能低的价格为顾客提供优质食品和其他日用品,因此其背后的经营原则可是更加关键的。

全球采购

早在商品上架之前,为了基于大批量采购而获得最低价格,ALDI做了大量的工作。谈判也超出了采购谈判通常设定的限制,其目标是实现与大规模采购相匹配的供应条件。因为买手想要的不仅仅是低廉的价格,他们的目标是,在能够将附加条件转化为采购优势的情况下签订合同。这样的方法有很多:

> · 对于长期为ALDI生产大订单的制造商,会要求其对生产线进行现代化改造,并使生产流程更加合理。
>
> · 对于将大部分产品出售给ALDI的供应商,在确保订单的前提下,ALDI会说服对方停止进行广告宣传。
>
> · 采用不太重要但是会带来额外采购优势的协议,比如集装箱或货车必须装满才能交货等。

这些例子已经足够了。它们非常清晰地表达了公司努力追求最低售价,并且为成功有效地合理化改造生产流程做出了巨大的努力。由于ALDI经营的产品来自世界五大洲不同国家，因此是真正的全球化。

低成本运输

ALDI的物流系统每天需要运输大量的商品，确保能够及时、可靠地把它们交付到ALDI各家门店。这种大规模的商品流动必须做到像钟表一样准时。敬业的员工、完善的组织、多年的经验以及最新的运输设备相结合，确保总体上尽可能经济地完成商品运输。通常运输成本只占单个商品售价的很小一部分。

严格进行品类选择

对于任何想要在多个不同品牌的苏格兰威士忌中进行选择的顾客来说，ALDI将会令人失望。ALDI的经营原则是：相同或类似的商品，SKU越少越好。其原因与价格和成本相关。如果我们的工作就是销售各种尺寸、品种繁多的商品，那么我们与顾客都将为此付出高昂的代价。通过减少品类，我们能够为单个SKU做到海量的采购并获得超低的价格。也为生产端创造了最具成本效益的条件。通过这种方式我们不但获得最佳的进价，也节省了仓储空间。商品十分畅销意味着可以减小我们的仓库面积和配送中心数量，库存较少则不需要承担高昂的资金利息。因此，在ALDI门店根本找不到类似的等价商品（它们唯一的区别是品牌和售价，而采购价格完全相同）。

门店位置对价格的影响

销售价格很大一部分是由门店租赁成本构成的。ALDI努力将这笔费用降到最低，一种很明显的表现是，ALDI一直尽最大努力选择能够满足预期需求的合适的门店规模。门店规模太大甚至超数倍，这种情况极为罕见。ALDI也尽量避开繁华商业地带形成的高昂租金。这就是ALDI门店通常都不位于大型购物中心，而是选择在小街小巷或者周边地区的原因。当然，顾客会稍微感到不便，但这样是有好处的，低租金会带来低价格。

销售从来不耍花招

理性销售，对ALDI来说不仅仅是一个口号。当你进入一家ALDI门店，你会发现这到底意味着什么。门店内陈列着待售的糖、面粉、饮料、牛奶、洗衣粉以及其他商品，商品未经店员摆放上架，就直接放置在制造商出运时所使用的装卸托盘上。所有其他商品也都一次性放在托盘上，并移动到门店内相应的位置。通过这种方法，余下的

第4部分 商业原则

工作通常只是打开装满待售商品的外箱。员工不需要拆开商品的单独包装或装饰材料。例如，只有在冷冻箱与纸盒符合 ALDI 的设备要求之后，ALDI 才引进了冷藏食品进行销售。外箱容量必须很大，盒子尺寸必须正确，这样盒子才能被整齐地放入外箱，并且不会浪费任何空间。ALDI 不提供送货上门等便利服务。减少这些服务也支持了 ALDI 的低价策略。

没有多余装修

只要近距离了解 ALDI 门店你就会发现，在装饰、设备和门店方面，除了必要的开支，ALDI 绝对不会多花一分钱。这项政策能够为每家门店节省数千欧元。考虑到 ALDI 门店数量如此庞大，很容易想象到这意味着什么。ALDI 的的确确节省了大量的资金，而这些节余再次被反映到了价格上。门店的设备不可能永远使用，还需要更换，所以远非节约一次的问题。

在质量方面 ALDI 不吝啬每一分钱

当涉及质量方面时，ALDI 毫不犹豫。ALDI 不会忽视任何真正能够促进商品价值的努力。如果降低进价意味着质量相应降低，ALDI 绝不允许这种情况发生。以牺牲质量为代价换取的低价不是 ALDI 的经营思路。ALDI 用能做到的最大保证来回应顾客的质量投诉：如果顾客对所购的商品有意见，可以无条件退货。他只要说"我对质量不满意"，ALDI 就会将购货金额退还给顾客，不需要其他任何理由。

关于天天低价

ALDI 百般努力，尽可能合理、有效地进行销售，最终结果就是天天低价。每个单品都保持低价。ALDI 并不倾向于依靠为数不多的特价商品来证明产品特别便宜的说法。ALDI 每款商品的售价都经过仔细计算，确保每款产品都是天天低价。只有在采购价格发生变化时，ALDI 才会相应调整产品的售价。

这些绝非空洞承诺，经过了 ALDI 一次又一次的验证

ALDI 的价格信息海报经过精心设计，使得顾客不仅可以进行价格比较，还更加容易考虑数量的因素。在产品名称前添加一个圆点以及数量，例如时下流行的 Amselfelder 红酒 1 升装，我们需要指出，这款产品还销售其他容量。仅仅从外表上看，很难察觉容量差异，甚至不会发现。因此，判断这些商品的价格高低不需要单凭价格本身，还要结合商品数量方面的因素。

此外，在 ALDI 的产品海报中，还有关于此类产品的其他提示，例如在门店产品试样日，允许顾客亲自检测商品质量，从而确保顾客在没有任何压力的情况下购买 ALDI 的商品。

思想开放的顾客

只有顾客很快意识到能够获得实利，ALDI 的经营原则才能很好地得到实施。顾客很喜欢这种经营模式，虽然需要他们额外地付出（购物变得稍微麻烦一些）。

ALDI 没有像其他商家那样宜人的购物环境。ALDI 门店距离更远，不是每个街角都能发现 ALDI 门店。顾客偶尔需要在收银台排队等待。没有额外的客户服务。诸如上述这些，都让你在 ALDI 购物不是那么有趣或者没有那么多"让人难以忘怀的购物体验"。但是，在一种经营体系下鱼和熊掌不可兼得——既要购物尽可能愉快，同时还要让价格尽可能低廉。

因此 ALDI 果断地将资金投入到产品质量上，尤其是在产品物有所值方面。顾客的购物体验应该包括以低廉的价格获得优质的商品。经验表明，因为顾客不需要为更佳的购物体验支付更高的价格，他们对在 ALDI 的购物体验情有独钟，低价真的替他们省钱了。

ALDI总体上从未改变过经营原则。他们只是对经营原则进行补充和修改，以跟上时代的发展。长期不变的是，价格与质量政策，坚守经营范围不至于很大扩充，确保产品无问题等。但在理念保持一致的基础上，门店位置已经发生了改变。由于需要更多的停车位，门店大多数被迁往城镇周边地带，并且向顾客开放停车位；同时增加了乳制品、冷冻食品等冷藏商品，并大大扩展了非食品类产品。

ALDI的经营原则小结

· 理念、思想、愿景

一切都从这些开始。通过这些来管理公司，并从各个细节方面塑造公司。明确的战略与目标是所有令人信服的经营政策的基础。

· 品类结构

零售行业最重要的功能始终是确定产品经营范围，即产品组合构成或者为顾客提供一揽子服务，朝着潜在顾客的预期努力。经营者首先应当成为顾客的代言人。他为顾客预选产品。他这样做，就承担了确定产品范围

第4部分 商业原则

的责任。对于他做出的决定,即确定的质量以及在各种替代产品中做出抉择,如雀巢的美极牌与联合利华的家乐牌速溶汤,顾客对此给予极大的信任。做出这些决定和选择,需要勇气。如果只是因为名称或品牌不同,ALDI不会反复推荐相同的产品。ALDI遵循这样的原则,从而将SKU数量控制在最低,并提供尽可能多的品种。品类构成和单品选择是在独立于供应商合同条款、条件及价格之外开展的。

- 价格政策与成本

无论市场情况或者竞争格局如何变化,ALDI永远倾向于采取对顾客有利的低价策略。低价是ALDI永远的工作重点。尽可能低的成本是ALDI获得成功的先决条件。

- 广告

海报信息丰富,并注重建立顾客信任。

- 业务合作伙伴

像希望别人对待自己那样对待供应商——既要让自己生存,也要让他们生存。

第5部分
推陈出新、寻求变革

随着ALDI创始人相继离世，进入21世纪的ALDI面对激烈竞争，出现了诸多变化。如果仅仅通过当年甚至3—5年的运营数据来评估这些变化，并不一定合适。近年来，ALDI进入中国零售市场，目前只在上海开设了线下门店，进行业态升级和门店迭代，我们每年都能看到ALDI中国门店的变化，这些变化是以顾客为导向、以市场为根基、以产品为工具，辅以现代化的营销推广方式。一位业内专家曾经表示，ALDI对中国市场很有信心，他们将用持久战的方式在中国生根、发芽、开花、结果。如今ALDI的种种变化，对于熟悉20世纪的ALDI的人士来说，似乎显示着它在脱离极简主义的基础。但我们希望，人们能够以更高远的视角来观察ALDI的各种变化，允许他们不断试错。通过认真研究ALDI的过去、当下以及未来，把握 ALDI 经营管理的精髓，探究 ALDI 是如何在当今世界零售行业砥砺前行、一骑绝尘的。让我们抱着客观、冷静、宽容的态度阅读以下内容。

首次亏损

2018 年 4 月德国《经理人》杂志报道：2018 年 2 月 2 日，ALDI 南方公司召集了 37 位区域总经理开会。原因是，数十年来，ALDI 首次发生亏损。ALDI 息税前利润率逐年下降，从 2016 年的 3.6% 下跌至 2017 年的 1.7%。2017 年 12 月，ALDI 息税前利润率为 –2.9%，首次出现亏损。ALDI 的高管们对不断增加的成本深感忧虑，特别是人员成本从 2016 年占销售总额的 8.34% 上升到了 2017 年 12 月的 10.14%。2018 年年底，ALDI 北方公司报告称 2018 年全年预计亏损数千万欧元，预计 2019 年公司仍将继续亏损[①]。

成本增加表明了 ALDI 的企业文化已经和几年前大不一样了。尽管在零售行业中，迄今为止 ALDI 仍然保持着成本最低、生产率最高的地位。另外，ALDI 的库存损失

[①] 新近任命的 ALDI 北方 CEO 托斯滕·赫夫纳格尔于 2018 年 12 月接受《食品报》与《经理人》杂志采访时，发布了这个意见。

也在逐渐增加。而只有企业在管理方式发生明显变化、偏离自己原有的商业模式时，才会出现这样的问题。

之前ALDI从未强制要求区域总经理提高成本意识、精打细算。这次管理层则要求各区域公司做到：优化管理，达成战略目标，对财务、供应链管理以及客户互动等相关部门进行集中管理。

拓宽品类意味着什么

在所有零售商中，ALDI的商品种类相对来说是最少的。然而，现在的4 000—5 000款商品，相较之前仅600—1 800款已经有了很大的改变。这些年来，ALDI增加了很多新品种甚至新品类，见表5-1。如今还开发了有机食品、便当简餐和新鲜肉类等。随着科技的进步，开发新品种比几十年前要容易得多。因为冷链成本费用大、产品损耗率高，所以ALDI以前从不售卖冷藏食品。同样，ALDI和Lidl在销售增长方面的竞争，也意味着ALDI对烘焙食品或非食品类促销品等品类投入增加。过去，ALDI凭借一流的操作流程和经验老到的员工，能够比同行更好地应对品类的变化。然而，拓宽品类、增加越来越多的不易操作的产品,并不意味着只带来更多销量,每新增一款商品也会相应增加不少成本(另见第 2 部分的复杂性曲线)。每款商品都要经过供应商挖掘、谈判、订购、储存等环节,产品供应商需要经过筛选和审核,要确定产品包装设计,还要确定售价,要预留上架位置。产品需要通过网络或其他渠道进行推广,需要反复比较价格,确保竞争优势。鉴于目前 ALDI 商品种类如此繁多,我们不得不认为今天的 ADLI 管理者尚未意识到,拓宽品类对企业的影响以及复杂性曲线的重要性。

表 5-1　2015—2017 年 ALDI 北方各国分公司 SKU 数量

国家	2015 年	2016 年	2017 年
比利时 / 卢森堡	1 113	1 373	1 465
丹麦	1 394	1 651	1 826
德国	1 183	1 461	1 432
法国	1 210	1 450	1 452
荷兰	1 238	1 437	1 737
波兰	1 339	1 700	2 101
葡萄牙	1 477	1 505	1 639
西班牙	1 422	1 523	1 842

可以很明显地看出,ALDI 管理层比较关心销售情况以及今天的 ALDI 门店对年轻消费者是否有"吸引力"。

公布的以上数据基于单独定价的产品,还不包括混搭

第 5 部分 推陈出新、寻求变革

促销盒子里的不同类型、不同口味的产品,实际上商品品种已经超过了 4 000 款。

虽然 ALDI 德国的 SKU 似乎暂时停止了增加,但其他国家的品种却在飙升。ALDI 荷兰在短短两年内就增加了近 500 款产品;西班牙增加了 420 款产品;ALDI 波兰似乎最令人绝望,增加了近 800 个 SKU,总数达到 2 101 个,这可能是迫于 Lidl 尤其是市场领导者瓢虫超市屡获成功带来的巨大压力。

经营果蔬品类是 ALDI 走向全品类零售商的一个例子。过去几年,ALDI 北方公司的品类数平均每年以 15% 的速度增长。表 5-2 的数据显示了 2015—2017 年北方果蔬品种各国分公司 SKU 增加数量[①]:

表 5-2 2015—2017 年 ALDI 北方果蔬品类各国分公司 SKU 增加数量

国家	2015 年	2016 年	2017 年
比利时/卢森堡	66	84	95
丹麦	90	90	107
德国	74	85	97
法国	65	70	75
荷兰	75	105	104
波兰	65	85	109
葡萄牙	85	91	93
西班牙	120	112	111

---

① 参见 2018 年 7 月 27 日版第 30 期《食品报》。

此外，非食品类商品的促销活动急剧增加，也影响了品类的规模，每周增加 100 个单品，即每年增加 5 000 款产品，这还不包括混合装（口味、尺寸以及纺织品色码等），这些混合装又增加了 450 款产品。

我们于 2018 年 12 月所做的商品统计显示，ALDI 北方的品类更多。有价签的商品加起来就有 1 650 种，其中约 650 个 SKU 是混合装，平均有 3—4 种不同口味或尺寸。如果再加上报纸和杂志，ALDI 北方实际上拥有 3 375 种不同的产品，这还不包括临时促销的非食品类产品。而传统意义上，折扣店最重要的经营指标之一就是严格控制商品品类。

狂欢热卖：非食品和食品促销

除了常规品类，ALDI 还开展越来越多的食品和非食品的促销活动。最近，ALDI 甚至增加了临时促销的频率，讲促销日变为星期一和星期四，甚至也会对标准品类中的单品进行额外的促销。

一份 36 页的促销海报介绍了 ALDI 北方 8 月份一周促销活动的典型内容：

第5部分 推陈出新、寻求变革

> 星期一：29款非食品类商品。
>
> 星期四：57款临促非食品类商品和食品。
>
> 星期一至星期六：21款食品，大部分是临促，其中有2款打八折。
>
> 星期五至星期六：18款商品。
>
> 促销商品共计125款。

ALDI南方公司2018年8月的一周促销海报内容就有整整20页：

> 星期一：非食品类商品29款，食品6款。
>
> 星期四：18款非食品类商品。
>
> 星期六：27款不同口味和品种的食品。
>
> 星期一至星期六：从标准产品中选出5款食品进行促销。
>
> 在一张临时促销传单的首页，有4款果蔬品类商品宣称价格更低，但没有提到价格或折扣，只用一个大大的"%"表示。很明显，销售价格在传单印制时并没有确定下来。
>
> 星期五至星期六：23款食品。

这样加起来总共有 108 款商品，它们要么是临时促销（只要存货充足），要么是对部分标准产品做定期促销。促销日期和促销周期进一步增加了复杂性。

在 2018 年 9 月的第一周，ALDI 南方在其常规的 20 页海报中再次宣传以下促销活动：

> 星期一：31 款非食品类商品。
>
> 星期四：37 款非食品类商品。
>
> 星期六：12 款食品。
>
> 星期一至星期六：我们再次发现 4 种果蔬品类的商品还没有确定具体售价。此外，ALDI 宣布这些商品只能限量供应。另有 6 个鲜食品类（肉类和面包）的单品临时降价。
>
> 星期五至星期六：对包括 Dr. Oetker, Leibniz, Ültje 在内的 17 个品牌进行临时降价促销。

上面的单品加起来有 113 个 SKU，还不包括所有不同的口味、类型以及纺织品的颜色、尺寸和款式。即使在计算机和以前的促销经验的帮助下，对非食品类促销商品的销量进行预估也非常困难，例如三种不同类型的登山鞋，分女款和男款，各有几个不同尺寸，需要预测并将数据分

第5部分　推陈出新、寻求变革

解到所有门店。我们无法想象，每周计划、确定、谈判、订购和储存 500 个促销单品的难度究竟有多大。

商品种类繁多，很多商品颜色、尺寸、类型或口味都极为多样，这给硬折扣业务带来了致命的复杂性。

综上所述，我们不得不承认 ALDI 在选品上表现出了极大的创造力。很多产品都选得很好。但问题还在于，为什么 ALDI 需要同时销售 5 种不同类型的电脑或者由 1 张桌子和 4 把椅子组成的五件套庭院家具。在这种情况下，价格不得不从 499 欧元降到 369 欧元，包括免费送货上门。由于家具在店内无法陈列，顾客要在店内先付款，再进行另一个步骤，即他们需要登录一个专门的 ALDI 网站安排送货。

根据食品杂货折扣经营原则，这种家具的销售是毫无必要的。从物流的角度来说，食品杂货折扣店的商品需要方便配送。通过不同的渠道（不通过门店）和特殊的送货上门服务来销售如此复杂的商品，不是折扣店的业务，并且增加了折扣店为了保持竞争力而必须避免的复杂性。缺乏原则将会增加 ALDI 的经营成本，甚至其商业模式以及效益（由于成本极低而价格最低）都会受到威胁。

连续数周访问同一家门店，你会发现 ALDI 对促销活动的管理难度正在加大。促销结束的几个星期后，仍会有之前促销活动留下的老库存。在 ALDI 南方的一家门店，我们发现了 300 件促销商品，而在 ALDI 北方另一家门店，我们发现了创纪录的 560 件促销商品。大量的促销品无法正常地销售出去，也不能最大限度地减少库存。

店员渐渐感到难以将所有这些临时促销商品摆放在货架上。促销活动和商品种类的增加速度超过了 ALDI 门店面积的增加。销售在很大程度上还取决于外部因素，例如出售户外家具时的天气。如果天气不好，那么在下个促销周期到来之前，这些户外家具将无法全部销售出去。正是因为 ALDI 的中央采购部门缺乏原则性，所以常常把店员逼得很紧。

品类有限原则

ALDI 采购公司资深副总裁在电子杂志 *SN Supermarket News* 刊出的采访中表示："不是我们想让什么商品出现在货架上，而是消费者想在货架上买到什么商品。"根据这样的品类管理原则，ALDI 将不断扩展品类。ALDI 不再遵循过去已被证实的坚决的折扣原则，现在它试图成为每一位顾客的宠儿。

时至今日,ALDI 对于品类规模似乎不设任何限制。品类的增长不仅增加了管理的复杂性,也推高了运营成本。由于单品数量增加,人工成本也在不断上升。以前,ALDI 从未出现过成本高企的情况,而现在 ALDI 却产生了成本问题,这需要管理层引起高度重视。

混搭销售

ALDI 已经开发出一种独特的方法来增加单品。混搭组合似乎是一种增加单品、口味和品种的聪明方法。然而,它们增加了一定的复杂性,这是折扣店通常试图避免的。在 20 世纪 80 年代,ALDI 北方的折扣店尽可能地避免混合组装产品。虽然就官方声明而言,ALDI 在每个国家的标准品类不尽相同,标准单品数量从 1 400 到 1 800 不等,但各国不同产品的真实数量要比声明的高出很多。混搭组合产品到底有什么问题呢?

混搭组合产品是指同一盒子里的各种商品,它们有相同的条形码和销售价格,但不同的口味、分量或原料。例如:一盒果酱可能包含草莓、桃子和樱桃 3 个味道。根据每种商品的销售情况,可以调整组合。如果草莓的销量最大，那么一盒12瓶的果酱可以包含6瓶草莓酱、3瓶桃子酱和3瓶樱桃酱。

这种思路看似聪明，其实存在几方面的缺点。每种口味的数量是否真的代表了每家门店每件商品的销量。当一种口味的产品卖完后，店长不容易订到缺货的商品。同时，他还会增加那些销量不够好的商品的库存。如果其他口味的产品还有足够的库存，他可能会决定完全不订货。特意要求购买自己喜欢的口味的顾客，可能会感到失望。即使是最畅销的口味，在其他口味的剩余库存没有卖出之前，也可能是缺货的。

在POS机上，每一种口味的产品都用相同的条形码进行销售（扫描）。因此，ERP系统将无法统计每个单品的销售量，但这通常是一个非常基本的零售需求。实际上，在混搭组合的情况下，是不太可能跟进每个单品的销量的。

还有一个很重要的小问题值得思考，每种不同口味的产品的购买成本应该是一样的。在无法实现这一点的情况下，ALDI公司又增加了一个复杂的步骤：在同一个盒子里有不同分量（主要是重量）的产品。在他们的各种坚果盒子里都可以看到这种现象。

有人可能会说，混搭组合甚至可以把那些在市场上需

第 5 部分 推陈出新、寻求变革

求量很小的商品卖出去。某些单一的产品可能没有资格成为折扣店品类的一部分，通过将其添加到不同口味的混搭组合中，它们可以用来服务为数不多的顾客。然而，这不应该是折扣店所考虑的事情。

在一个 ALDI 的案例中，人们发现在同一个盒子里甚至有 6 种不同的口味，同时极有可能缺失了其中的一两种口味。在很多情况下，尤其是在冰箱里显得乱七八糟的时候，顾客要在翻遍多个盒子后才能找到自己喜欢的口味。ALDI 将混搭组合发挥到了极致，这就导致了杂乱无章的品类。我们统计了大约 650 个混搭组合，每个盒子有 2—6 种不同的口味或品种。这样一来，在常规品类的基础上又增加了 2 000 种商品。

此外，折扣店每个单品都要达到尽可能大的数量是非常重要的，但是各式各样的混搭组合产品，令折扣店无法将其采购成本降到最低。

混搭组合的起源，是用更多的品类让商店看起来更有吸引力，以此增加销量。实际上，这忽略了对有限品类商业模式的负面影响。

70份报纸和杂志

ALDI南方是最后一家将报刊添加到其品类中的折扣商。ALDI北方早在2008年就增加了新闻出版物。售卖报纸和杂志,完全展示了ALDI正朝着全品类超市的方向发展。该品类不过是为了留住顾客以及不惜一切代价提升销量而做出的尝试。报纸杂志几乎是最不适合折扣业态的品类。任何一家折扣商,只要按照自身商业模式去寻找和开发商品,都不可能停留在报纸杂志这个品类上。

- 报纸是一个垂死的品类。报纸发行量越来越少,网络正在迅速取代纸质传媒,这个产业中唯一有过短期增长的只有报刊批发商。
- ALDI北方提供了大约70种报纸杂志,每种产品的销量都极低。销售这些产品与折扣业务毫不相干。这背后的问题是,ALDI销售的报纸和杂志不能以质量来判断,它们是到处可见的同质化产品。ALDI不能根据质量来选择它们,也不能像对待果酱或麦片一样改变其特性和成分。ALDI不能提供比别人更好的价格。每一个小型夫妻店的报刊售价都能与ALDI匹敌。相比报刊内

第 5 部分　推陈出新、寻求变革

> 容、质量,只有报刊的种类构成是 ALDI 能够决定的。
> - 当然,这种商品无法开发自有品牌。ALDI 只能陷入以和别人同样的价格销售产品的困境。

为了销售而销售,南北 ALDI 都明显地增加了其他同行经常销售的品种。有迹象表明,它们正逐渐偏离原来的商业模式和基本常识。

促销与品牌

2017 年 6 月 30 日,德国《食品报》头版刊登了"ALDI 或考虑进行促销"的消息。越来越多的品牌使得 ALDI 与全品类零售商以及其他折扣商相比,渐渐丢失了价格比较优势。当时,Lidi 以 1.39 欧元的价格售卖 250 克的金凯利牌黄油,而 ALDI 以 1.99 欧元的价格出售同样的产品。随着品牌越来越多,ALDI 在价格优势和独特性方面都遭遇了困难[1]。

如今,ALDI 的价格促销活动有时非常复杂。一个典

---

[1] 参见 2017 年 6 月 30 日版第 26 期《食品报》。

型的例子是 2018 年年初的妮维雅护肤品促销活动，顾客从总共 18 个妮维雅单品中至少购买 3 件并且总价值至少达到 9 欧元，ALDI 将给予其 25% 的折扣。这样的促销活动难以实施，也很难真正与 NM 和 Rossmann 这样的强大对手竞争。ALDI 抛弃了经过验证并且硕果累累的成功法则和经营理念。

> 坚守信念＝战无不胜
>
> 飘忽不定＝收获平平
>
> 严重背离＝一败涂地

广告费用大幅增加

ALDI 不仅面临着更高的人力成本开支。此外，将许多以前分散的工作集中起来也导致成本增加。库存损耗也在增加，主要是由于生鲜产品的占比较高，水果和蔬菜的种类增多。最后的结果是，ALDI 在广告上的投入从未如此之大。著名市场调研公司尼尔森公布的数据显示，ALDI 的营销支出已经从 2016 年的 6.63 亿欧元增加到了 2017 年的 8.81 亿欧元。1—6 月，ALDI 北方的营销支出增幅几乎为100%，ALDI南方增幅为14.6%，意味着增长的总支出约为1.644亿欧元。营销支出的强劲增长不仅来自社交媒体投入，还来自非常昂贵的电视形象宣传。ALDI经常在德国杂志《明镜》和《德国明星周刊》上预订最昂贵的广告版面，甚至在《图片报》上做整版广告。

这意味着ALDI的广告费用已经增加到总销售额的1.5%左右，而20世纪80年代ALDI的广告费用只有0.3%左右。成本的增加，意味着需要获得更高的利润率，从而导致商品售价的竞争力下降，最终总体利润减少。

公共关系和营销活动

过去，ALDI从不透露内部信息，对保密原则极为重视。一般情况下只披露与顾客相关的重要沟通信息。顾客对ALDI是否透露有关战略、扩张或组织细节的详细信息从不感兴趣，那是竞争者和媒体的偏好。由于ALDI不是一家上市企业，因此发布此类信息的压力很小。

而今天，几乎所有的信息都是公开的。ALDI北方聘请了两名新闻发言人。前所未有的信息公开为ALDI商业原则和经营模式带来了变化。更重要的是，企业的焦点不仅仅集中在日常运营和自我完善等方面，如今还采取开放的态度向公众传达信息。

2015年，ALDI北方与国际营销和传播机构麦肯公司签约，委托其负责ALDI的营销和传播活动。ALDI北方总经理凯·鲁肖夫专门负责此事。这一举动被认为是老式传播活动的现代化，实际上却强烈地偏离了以往非常基本的客户沟通方式。ALDI似乎正在放弃原来的独特性。曾经在没有任何营销部门的情况下取得卓越成就的ALDI，将被转交到一个专业国际机构的手中。过去被认为唯一正确的管理方式正在被所谓的行业"最佳实践"所取代。

2017年，ALDI北方宣布聘请记者弗洛里安·舒贝克作为负责对内和对外沟通的总经理。其工作重点就是负责与顾客沟通。过去只需要一名区域总经理就能完成的工作，现在已经发展到需要两名总经理分工负责的程度。集中的"营销"部门不断壮大。如今ALDI北方采购公司拥有大约500名员工，而过去这里只有20—30人。

一切都以"营销"为中心，总部市场营销部自认为有权开展各种不合理的活动，使用难以理解的语言与一线运营人员进行沟通，市场营销与实际运营脱节的潜在风险正在慢慢加大。

ALDI试图让顾客评价在门店的所谓"购物体验"，要

第 5 部分　推陈出新、寻求变革

求顾客通过在一个特殊网站上输入代码进行反馈。在调查中，ALDI 试图向顾客了解店员的服务是否周到、门店是否保持干净。参与的顾客可以参加抽奖。过去 ALDI 更渴望知道的是每件商品的销量和每家门店的营业额，认为从这两点已经足以看出顾客的意见。

ALDI 南方负责营销的桑德拉·西比勒·斯库夫斯在一次采访[①]中提到，顾客需要特殊的购物体验，这是当今社会价值观变化的结果。ALDI 南方市场营销部共有 40 名员工。这表明 ALDI 正偏离过去的优点，也暴露了是什么在驱动 ALDI 的成本不断增加。就在这次采访中，德国《食品报》记者马蒂亚斯·辛伯格质疑 ALDI 所有新的营销活动是否会增加成本并最终导致更昂贵的售价。尼尔森公司在最近的一项研究中发现，顾客购买日常生活必需品的频率降低了，他们更注重速度和效率[②]。

如今的 ALDI 南方总部，即 ALDI 采购有限公司，似乎更加关注与营销相关的主题，而非与零售商休戚相关的基本原则，其职责范围不断扩大，涵盖客情服务、内部沟通、公共事务、创意营销、品牌运作等。比起专注于企

---

① 参见 2017 年 6 月 2 日版第 22 期《食品报》。
② 参见尼尔森于 2018 年 8 月 22 日发表的《快速消费品与零售：德国人购物频率降低但结构更加合理》。

业应该坚持的原则，很多细节小事似乎反而成了关注的焦点。

企业文化的变革——对无关痛痒的话题评头论足

为了提升好感度，2017年，ALDI南方甚至决定为公司设计一个新标志，显然是希望通过推出一个有活力的新标志，让企业和销售变得更有活力。

在这里可以看到营销战略对卓越的运营及文化正在起主导作用。过去ALDI一直专注于企业运营的基本要素，并维持着久经验证的基本经营系统。分权和区域自主是ALDI系统的根本优势之一。而如今ALDI不仅尝试集中采购水果和蔬菜，还进行广告宣传。不仅南方合并组建了大型市场营销组织架构，北方也同样将所有的广告宣传集中起来，由公司一位总经理负责。最近，南北ALDI两家的采购部门也有合并的趋势。

也许从总经理会议的规模就可以看出企业文化方面发生的关键变化。过去，由于区域总经理人数较少，会议一直采用商讨和辩论的形式做出最佳决定。如今，南北公司各有30多个区域，与会人数为40—50人，所有区域总经

第5部分 推陈出新、寻求变革

理踊跃参与且共同讨论已经不太可能了。在这样参会人数众多的会议上，对个别品类的产品进行详细讨论的难度大大增加。ALDI 分权结构的巨大优势和群策群力的智慧正在减弱。在过去，ALDI 实际上是由区域总经理负责管理的，如今 ALDI 非常依赖公司高管的能力和个性。曾经有一段时间，对成本的关注占了上风，随后又被对成本影响极大的营销活动取而代之。最近 Lidt 的业绩一马当先，而 ALDI 正试图迎头追赶。

想要重振有什么备选方案吗？最大限度的放权将是解决 ALDI 规模过大所导致问题的方法之一。过去，当 ALDI 的配送中心太小不能满足业务增长需要时，一个新的区域就诞生了，随之就会设立一个新的配送中心。当一个区域发展到 80—100 家门店，这种裂变就会随之发生。这有助于限定区域规模、保持经营透明，更加便于管理。对于像德国 ALDI 这样的大公司来说，这可能是一个解决方案，就像早期南北拆分一样，可以考虑将 ALDI 北方拆分为西北区和东北区。总经理会议尽量保持较小的规模和较高的效率。而在采购条款方面，南北 ALDI 一直在交换供应商的价格信息。

可以说，企业文化的改变是对 ALDI 成功的最大威胁。最近关于成本（特别是人力成本）急剧增加的讨论恰好证明了这一点。这种讨论在ALDI"过去的好日子"里闻所未闻。ALDI拥有尽可能低的成本，这是其企业本质和文化，并且归功于高度分权的组织架构，每个区域都严格执行这一点。

从卓越走向平庸

毋庸置疑的是，ALDI仍然是一家独具特色的零售商，拥有颠覆全球零售市场的能力。然而如果偏离原有的经营理念，变得与传统全品类零售商越来越相似，这将可能危及ALDI的未来。近年来接手的新一代经理人未曾在ALDI创始人的极简主义世界中经过历练。新经理人正用大学和其他公司传授的所谓最佳实践来影响ALDI。企业文化开始受到侵蚀，长此以往，就可能使ALDI变成一家乏善可陈的零售商。

我们观察到，一些优秀公司正在丧失曾助其成功的原则，例如IBM、惠普以及最近的通用电气（美国工业荣耀的标志）等，它们都曾是汤姆·彼得斯和罗伯特·沃特曼的《追求卓越》一书中被反复称道的英雄。而今天的明星已经改名换姓了。

第5部分 推陈出新、寻求变革

与传统商超相比,作为硬折扣店的 ALDI 利润空间也非常有限(表5-3):

表5-3 传统商超与硬折扣店利润对比

	传统商超	硬折扣店
毛利润	28%	17%
经营成本	25%—27%	12%
税前利润	1%—3%	5%

向传统商超靠拢这一发展趋势使得 ALDI 更容易受到竞争对手的威胁。由于缺乏折扣店的重要颠覆性因素,目前 ALDI 更像超市而不是折扣店,每家超市都在售卖相同的品牌,ALDI 也不例外。

下面我们总结一下优秀硬折扣店与普通硬折扣店的主要区别(表5-4)。

表5-4 优秀硬折扣店与普通硬折扣店区别

优秀硬折扣店	普通硬折扣店
在日常业务中追求	丧失清晰度
清晰的经营模式	和方向感
严格限制品类	追求全品类
适可而止	多多益善
关注本质	应有尽有
权力下放	集中管理

续表

优秀硬折扣店	普通硬折扣店
不设立管理部门，组织架构简单	总部管理部门人员与集权逐渐增加
专注于自有品牌	自有品牌、知名品牌二者兼顾，但往往更注重名牌商品
天天低价 不搞促销活动	经常促销

如今ALDI为了寻求简单，反而在实践中产生了越来越多的复杂性，失去很多原本卓越的部分，这可能是变革必须付出的代价。但ALDI应该知道，张驰有度、过犹不及，千万不能忘记简单才是ALDI过去、现在以及将来的致胜法宝。

ALDI成功的原因，亦是企业和行业可借鉴的成功秘诀：

> 1. 要有清晰的商业模式；
> 2. 需要高度分权的组织架构；
> 3. 实行可控制的持续改善，以控制销售、成本和效率；
> 4. 配以一线经理负责实施全面的抽查管理体系。

正是因为ALDI拥有成功的企业文化，才创造了辉煌的过去。随着如今 ALDI 在原有企业文化的基础上不断创新、不断变革,未来 ALDI 将走向何方,能否继续傲立群雄?让我们拭目以待!

参考文献

[1] Binnig, Gerd: Aus dem Nichts. Über die Kreativität von Natur und Mensch, München 1997.

[2] Brooks Jr., Frederick P.: The Mythical Man Month. Essays on Software Engineering, Reading (MA) 1985.

[3] Drucker, Peter: Managing for Results, New York 1964.

[4] Kamprad, Ingvar, Bertil Torekull: Das Geheimnis von IKEA, Hamburg 1998.

[5] Luhmann, Niklas: Vertrauen. Ein Mechanismus zur Reduktion sozialer Komplexität, Stuttgart 1989.

[6] Malik, Fredmund: Führen Leisten Leben. Wirksames Management für eine neue Zeit, Stuttgart, München 2000.

[7] Malik, Fredmund: Strategie des Managements komplexer Systeme. Ein Beitrag zur Management-Kybernetik evolutionärer Systeme, Bern, Stuttgart, Wien 1984.

[8] Peters Tom, Robert Waterman: In Search of Excellence. Lessons from America's Best-Run Companies, 1982.

[9] Walton, Sam: Made in America. My Story, 1983.

[10] Welch, Jack: Jack. Straight from the Gut, New York 2001.